無聲的閃光

FALLOUT

THE HIROSHIMA COVER-UP AND THE REPORTER WHO REVEALED IT TO THE WORLD

揭發美國最致命的政府掩蓋事件

首位報導廣島原爆真相的普立茲得獎記者 × 二十世紀美國新聞史上最偉大的祕密調查

萊斯莉・布魯姆 LESLEY M. M. BLUME

譯｜李珊

獻給近藤（谷本）紘子

一九四五年以來，讓世界免於核彈災難的，是對廣島浩劫的記憶。

——約翰・赫西 John Hersey

各界讚譽

二〇二一年美國指標性傳記寫作獎項「斯珀伯圖書獎」（*Sperber prize*）

二〇二〇年《出版者周刊》（*Publishers Weekly*）年度選書

二〇二〇年《浮華世界》（*Vanity Fair*）年度選書

二〇二〇年《城鎮與鄉村》（*Town & Country*）年度選書

《紐約時報》（*The New York Times*）二〇二〇年最值得關注的一百本書

《紐約時報書評》（*New York Times Book Review*）編輯選書

「布魯姆是一位不知疲倦的研究人員和美麗的作家，她的敘述毫不費力，而這種技巧掩蓋了這類創作所需的技能和辛勤的勞動……儘管本書討論了嚴肅的議題，讀起來還是很令人愉快，這都有賴於作者完美無瑕的每一個段落，她清晰的敘事結構、引人入勝的故事、情節和見解。」——《紐約時報》特約撰稿人威廉・朗格維舍（William Langewiesche）

「在廣島和長崎遭到轟炸後的幾個月裡，美國人幾乎沒有被告知對倖存者造成了何種破壞性影響。布魯姆描述了赫西如何在《紐約客》中揭露真相，並對核戰永遠存在的危險性提出警告。」——《紐約時報書評》

「扣人心弦……布魯姆精心研究了政府如何竭盡全力地阻止公民傳播真相，在現下這樣令人擔憂的時刻，這正是每個人都應該閱讀的內容。」——《華盛頓郵報》

「引人入勝……事實證明，記者們所面臨的問題無論在過去或現在——例如放慢速度、講述大故事、講述能引起人們共鳴的悲劇故事——都一樣困難。了解赫西如何破解密碼，對於我們在後疫情時代的前進很有幫助。我真的很喜歡這本書。」——《哥倫比亞新聞評論》編輯與出版人　凱爾・波普（Kyle Pope）

「布魯姆精采地講述了赫西如何創作出如史詩般的報導，對人們看待原子戰爭的方式產生了深遠的影響。本書是一個重要的提醒，提醒我們曾經從赫西的報導中汲取了何種教訓。」——前美國國防部長　威廉・佩里（William J. Perry）

「一位勇敢的年輕新聞記者，為了真相而戰勝政府的驚險故事！」——《華爾街日報》（*The Wall Street Journal*）

「最佳的新聞工作！這部緊湊的作品講述了赫西的故事——他競相收集消息來源，絕對保密地寫作，然後發表了深具同情心、令人難以置信且痛苦的報導。」——《彭博商業週刊》

「為政府編造故事以證明其所採取行動的合理性提供了有力的見解，也為無畏地報導廣島真實發生的事情提供了深刻的見解。」——《基督科學箴言報》

「對掩蓋事件的描述，包括美國否認炸彈的放射性後果以及赫西用來躲避審查的特洛伊木馬策略，既令人著迷又令人不安。」——《雪梨晨鋒報》

「精心研究，文筆優雅……這本書是一個重要的提醒，最大的故事可能隱藏在顯而易見的地方；突發新聞報導是必不可少的，但可能無法傳達事件的真相與真實規模。」——《國家》（*The Nation*）

「捕捉了原子時代的開端，並向我們展示當時世界對它的準備程度。同時也提醒我們，即使是民選政府也傾向於保密，而這種傾向很少有利於他們所服務的人民……一本值得被廣泛閱讀的書。」——《俄勒岡人報》（*The Oregonian*）

「構思精巧、研究無懈可擊的作品……《無聲的閃光》應該被放在書架上的赫西的《廣島》旁邊，作為自由報導真相的勇氣的證明，無論誰試圖壓制他們的使命。」——《紐約書刊》

「巧妙地重建了現代歷史上最偉大的掩蓋事件之一的隱藏歷史……驚心動魄的敘述。」——《城鎮與鄉村》

「引人入勝。經過艱苦的研究，以準確無誤的眼光看待戰後社會栩栩如生的生動細節，並讓世界了解核輻射真正恐怖的風險。」——《書單》

「布魯姆的作品和赫西的作品一樣，證明了優秀新聞的力量。她出色地再現了他作為終極吹哨人的脆弱地位，以及他驚天動地的報導。」——報書人書評網

站（Bookreporter.com）

「扣人心弦的歷史。研究深入且講述精闢的重要故事。」——美國新聞界「三巨頭」之一、ＣＢＳ新聞主播　丹・拉瑟（Dan Rather）

「在毀滅世界的核武似乎幾乎被遺忘之時，布魯姆雄辯地重現赫西於一九四六年令人震驚的報導背後的故事，讓我們再次想起了巨大的人類災難。」——普立茲獎得主　理查德・羅德斯（Richard Rhodes）

「在記錄赫西如何實現歷史上最偉大的新聞成就之一時，布魯姆自己也完成了一項偉大的壯舉。本書是快節奏且深度報導的啟示。」——美國知名作家與評論者　蓋伊・特立斯（Gay Talese）

「在美國和俄羅斯正在放棄限制核武，並開始新的核軍備競賽的協議的現下尤為重要。這是一個提醒，不要忽視核戰可能帶來的痛苦和徹底的破壞。」——《西雅圖時報》（*The Seattle Times*）

「非常精彩……這本書有力地展示了一個勇敢的美國記者，如何揭開二十世紀最致命的掩蓋事件——原子彈的真實影響。」——《原子科學家公報》

「當美國戰機在廣島投下原子彈時，多數美國人皆全心全意地支持該次襲擊，然而，在戰地記者赫西揭露廣島倖存者駭人聽聞的故事後，他們的認可就瓦解了。儘管公眾已看過臭名昭著的蘑菇雲圖像，卻很少有人能真正了解廣島居民所遭受的損失。」——《經濟學人》

「引人入勝……布魯姆巧妙地將那些被當權者刪除、忽視、扭曲和審查（有關向日本平民投擲原子彈）的內容拼湊起來。她的調查範圍很廣，包括採訪讓她能夠接觸到迄今為止未發表的手稿，以及對多語種檔案和耶魯大學拜內克圖書館的赫西論文的研究。不僅具歷史意義，對於當代的意義也是顯而易見的。強烈推薦。」——美國圖書館協會

「布魯姆揭示了美國新聞史上最有影響力的一篇報導背後的迷人故事，有關赫西於一九四六年針對廣島原子彈的研究報導。一部挖掘歷史的深度作

品。」——《柯克斯書評》星級評論

「這部引人入勝、細緻入微的編年史，揭示了如何打破『危險麻木』的統計數據，並向權力說真話。」——《出版者周刊》星級評論

「作者精準掌握核彈議題，撰寫赫西如何產出被廣泛認為是二十世紀美國新聞界最偉大作品的戲劇性故事，令人信服。」——揭露水門事件之《華盛頓郵報》記者　卡爾・伯恩斯坦（Carl Bernstein）

推薦序　思索廣島原爆的艱難

盛浩偉（作家）

說到第二次世界大戰當中的暴行，你會想到什麼？在臺灣，大多數人第一直覺浮現的答案，應該會是納粹對猶太人的大屠殺，或南京大屠殺。確實，這兩件都是明確且駭人的戰爭罪行，後者至多有三十萬名，而前者則有將近六百萬名手無寸鐵、包含老弱婦孺在內的平民被系統性地殺害。然而，還有一個事件，其中也有上萬名平民死亡，但我們卻不會直覺將之貼上「暴行」的標籤——那就是美國在廣島與長崎投下的兩枚原子彈。

兩次原子彈爆炸之下，當場死亡的平民，總和估計約有三十多萬名，另外，如果再加上受到嚴重燒灼傷、不治而亡，或是暴露於大劑量輻射、接觸到輻射塵而致病、致癌，餘生飽受折磨而亡的人數，則總和可能達到五十萬名。以臺灣為例具體想像，那大概就是整個板橋區，或是整個苗栗縣、嘉義縣或南投縣的所有人口，全都消失殆盡的意思。

單純以死亡人數之規模，還有後續對環境的種種影響來看，兩次原爆的嚴重與殘酷程度，並沒有比其他戰爭罪行好到哪裡去。然而如果逕自將之認定為「暴行」，或許也多少會激起我們心中的不安。畢竟，正是兩枚原子彈直接促使日本投降，也因此它彷彿帶有一種正義的色彩，是一種制裁的力量。要是它被認定為暴行，好像就失去了正當性，也會像是在幫日本的侵略戰爭、軍國主義進行辯護一樣。於是，我們很可能會傾向於認為：這是大日本帝國所應得，縱使原爆很殘酷，但也是一種必要之惡。

但問題就在這裡了：我們真的明白，這有多「惡」嗎？如果不明白這份惡的實際面貌，那麼該如何討論這有多「必要」？作為一種懲罰，這程度是合宜，或是過份？至此，單純的概念式空談已經無法解決問題，所以我們需要深入理解具體的情況。

本書《無聲的閃光》所講述的，就是在二戰結束的時空當下，一個讓世人理解具體情況的吹哨者的故事。

那時美國人民對於實際情況的瞭解，比今日的我們還要少，只知道政府憑靠著一種強力新型武器結束了戰爭。但是這個武器造成了多少死亡？現場的情況如何？一切消息都被政府嚴格控管乃至封鎖。由於戰爭已經持續多年，各地戰事消息已經令人疲乏，再加上對日本的憤恨深植人心，以及政府的公關宣傳，所以當時主流輿論大多沉浸在勝利的喜悅，而未對真實情況加以探求。

在這樣的氛圍底下，唯有一位得過普立茲獎的記者約翰・赫西（John Hersey），他秉持著記者對真相的追求，進行了深入調查，並且以一種獨特的形式寫成長篇報導，勾勒了六位平民對原爆的實際見聞與生命交集。這篇刊登在《紐約客》上的〈廣島〉（*Hiroshima*；日後也印行成單行本），如今已在二十世紀美國最重要的新聞報導的行列當中，它也為我們先前那個「必要之惡」的問題，提供了具體而詳實的參照。並且，是從這篇報導開始，人們才開始正視核武所可能造成的種種威脅。迄今許多討論、思考，可以說都是源自於它。

《無聲的閃光》帶領讀者俯瞰這篇了不起的報導如何誕生，也讓讀者體會到其中的複雜、張力與多個面向。書中詳盡地呈現了促成這篇報導的所有推手，當然包括主角約翰・赫西、《紐約客》的編輯主事者們，此外也有受訪者們，以及取材路上的助力與阻力，跌宕精彩。而更令人瞠目的，則是報導刊出之後的迴響。

一方面，赫西的報導將原先科學的、冷冰冰的統計數字還原回真實的經驗與見聞，讓讀者體會到原爆的恐怖，並激起了原先沉睡的良心；但另一方面，二戰一結束，冷戰隨即準備拉開序幕，赫西的報導，無疑威脅到政府、軍方、研發原子彈的科學家的信譽與正當性，或甚至被敵對陣營的蘇聯視為展示武力的宣傳。本書赤裸裸呈現支持者與反對者之間的論辯、角力、公關戰，也能讓讀者在閱讀之際反思自身習以為常的各種想法、立場，其是否受到操控？背後究竟有沒有真相能夠支持？

思索原爆並不是一件容易的事。因為我們都太習慣明辨善惡的二元對立思考，也經常以為可以把加害者跟被害者簡單地區分開來。但是原爆議題往往會讓人發現，必要之惡的正義與不義，兩者的距離並沒有那麼遠；而加害者也很可能同時是被害者，反之亦然。困難之處就在於，我們必須先提起勇氣直視原爆造成的滿目瘡痍與大量死傷，並在這樣的沉痛之中，不輕易地將受難與罪行兩相抵銷，並持續思索倫理的界線，以及什麼才是最適恰的行為與選擇。過度而不當的懲罰未必能夠實現正義，反而可能在日後成為催生極端分子的溫床。

很可惜的是，在臺灣書市很難找到約翰・赫西《廣島》的譯本，而近期最能讓讀者接觸原爆主題的書，也僅有井伏鱒二的《黑雨》而已。但也因此，《無聲的閃光》之出版更顯珍貴。透過這本書，讀者能夠接觸到原爆議題的深刻，此外，也能夠看見新聞工作者努力不懈、追求真相的熱血，體會到真相的重量。

目錄

序言

約翰・赫西（John Hersey）在日後聲稱，他最初無意撰寫一篇揭發性報導。然而，一九四六年夏天，他確實揭露了現代史上最致命且影響最重大的政府掩蓋事件之一。《紐約客》（*New Yorker*）雜誌在一九四六年八月三十一日出刊一期，以整本的篇幅刊登赫西的專文〈廣島〉（*Hiroshima*），文中向美國人與全世界報導了廣島原子彈攻擊全面且慘絕人寰的真相，並記述歷史上少數原爆倖存者中六位生還者的證言。

報導刊出的一年前——即一九四五年八月六日的上午八點十五分——美國政府在廣島投下一枚近一萬磅重的鈾彈，這枚原子彈被稱為「小男孩」（Little Boy），上面還塗寫了褻瀆日本天皇的留言。原子彈的研製者甚至沒有任何一人能確定，這項當時仍屬實驗性質的武器是否會生效；「小男孩」是第一個實際用於戰爭的核武器，廣島居民則是不幸獲選的白老鼠。「小男孩」在廣島上空爆炸時，成千上萬的人被活活燒死、遭倒塌的房屋壓傷或活埋、被飛散的殘磚碎瓦重擊，而處於原子彈爆炸點正下方的人更是直接在烈焰中瞬間灰飛煙滅。原爆後的生還者看似幸運地逃過一劫，但許多人卻在後幾個月承受輻射毒害的痛苦折磨，然後數百人、數百人地相繼死去。

廣島市最初估計，有超過四萬二千名平民於爆炸中喪生[1]，此估計人數在一年內上修至十萬。後來根據計算（儘管確切的數字永遠無法得知），截至一九四五年底，死於原子彈爆炸及後續影響的人數可能多達二十八萬[2]。在往後的數十年，廣島市仍持續挖掘出人類的遺骸，直至今日亦然[3]。「你往下挖兩呎，就會發現白骨。」廣島縣的知事湯崎英彥說道：「而我們就在那上面生活。不僅是（爆炸）中心附近的區域，而是整座城市。」

1 廣島市估計有兩萬一千一百三十五位男性、兩萬一千兩百七十七位女性喪生，三千七百七十二人失蹤；一九四五年十一月三十日，該市的估計數字上修至男性三萬八千七百五十六人、女性三萬七千六十五人喪生，兩千三百二十九人失蹤。這是赫西撰寫〈廣島〉時所依賴的損害與傷亡數據資料之一。

2 廣島的死亡人數估計值落差極大，最少為六萬八千人（根據美國原子能委員會〔U.S. Atomic Energy Commission〕計算），最多則為二十八萬人（根據廣島地方報《中國新聞》報導）。一九七〇年，廣島大學原爆放射線醫學研究所的社會學家研究員湯崎稔博士進行了一項傷亡研究，估計死亡人數約為二十萬人。湯崎稔在該研究中試圖重建爆炸發生時廣島的逐戶地圖，然而，他也稱自己的估計僅是「暫估」。

3 舉例來說，赫西在〈廣島〉文中提到當地備受歡迎的淺野公園（現名為縮景園），在一九八七年便發現了六十四具原爆受害者遺體。廣島縣知事湯崎英彥在二〇一八年十一月三十日接受本書作者萊斯莉・布魯姆採訪時表示，廣島從未進行過完整的挖掘搜尋。

那是一場宛如聖經描繪場面的屠殺。即使在原爆七十七年後的今天，廣島這個地名仍讓人聯想起那熊熊燃燒的核武浩劫景象，令全世界不寒而慄。

然而驚人的是，在赫西的報導登上《紐約客》之前，美國政府竟設法掩蓋原爆後廣島受創的嚴重程度，並成功地隱匿了原子彈長期且致命的輻射效應。一九四五年八月九日，美國再向長崎投放鈽彈「胖子」（Fat Man）攻擊。美國華府官員及駐日占領軍高層聯手查禁、控制，並進而編造從廣島與長崎當地發出的報導，讓這件事最後幾乎從新聞標題和民眾的意識中徹底地消失。

起初，政府對其握有的新型武器似乎直言不諱。當時的美國總統杜魯門向世界昭告，美軍甫在廣島投下原子彈時，便誓言日本若不投降，可能「面臨史上前所未見的毀滅如大雨般從天而降」。杜魯門總統透露，「小男孩」的爆炸威力相當於逾兩萬噸的TNT炸藥，是當時戰爭史上使用過最大的炸彈。當時事先收到總統宣告文稿的記者與編輯們，在獲知消息時無不感到難以置信。

年輕的華特・克朗凱（Walter Cronkite）時任合眾通訊社（United Press，縮寫為UP；後易名為合眾國際社，縮寫為UPI）的駐歐記者，他在收到巴黎傳來關於原子彈的公報當下，認定「顯然……那些法國電報員搞錯了」。他日後回憶道：「所以我將數字改為二十噸。但很快地，隨著消息持續更新，我的錯誤昭然若揭。」

此外，媒體一開始似乎也充分報導了廣島和長崎所遭受的噩運——當世界進入原子時代的意義逐漸清晰，各地的編輯與記者都清楚地明瞭，原子彈不僅是重大的戰爭新聞，更是歷史上至關重要的新聞事件。幾千年來，人類孜孜不懈、精心創造更恐怖且更高效的殺人機器，如今終於發明出了能消滅整個文明的方法。正如E・B・懷特（E. B. White）在《紐約客》所道：「人類在竊取上帝的力量。」

然而，距離世人真正得知翻騰的蕈狀雲之下究竟發生了什麼事，還要好幾個月的時間，待一名年輕的美國記者與他的編輯付出無比的膽識。一九四五年八月七日，《紐約時報》（*New York Times*）報導寫道：「廣島的情況尚未明朗……一團無法看透的濃密煙塵遮蔽了被轟炸的地區，偵察機無法獲取情報。」

就許多層面而言，這層無法穿透的濃煙直到一九四六年五月赫西進入廣島，並在數週後發表他在當地的發現後，才真正消散。儘管《紐約時報》是唯一一家隨行報導長崎原子彈轟炸行動的媒體，並在日本投降後設有駐東京辦公室，但《紐約時報》記者（即日後主編）亞瑟・蓋博（Arthur Gelb）表示：「最初，我們大多數人並不清楚原子彈造成的破壞程度。赫西詳盡且令人痛心的描述……總算讓美國人明白事件的嚴重性。」

媒體對轟炸行動的報導最初是廣泛且密集的，然而由於美國政府和軍方嚴格控管資訊，隱瞞他們在廣島與長崎一手造成的後果，使得爆炸後續的相關訊息從一開始就極其有限。美國甫對軸心國贏得道德上與軍事上的勝利，可不急著（以美國戰爭部長的話來說）「招來暴行比軸心國更勝一籌的名聲」。華府官員與剛抵達日本的占領軍立刻加緊速度，加強控管與新武器造成之傷亡規模有關的新聞。日本媒體遭占領軍當局禁止撰寫與播放關於廣島或長崎的報導，以免「擾亂公共安寧」[4]；外國記者開始進入日本之際，廣島和長崎隨即便被列為「記者禁入區」。原爆發生後的接下來幾週，少數嘗試報導受災城市的記者紛紛收到驅逐出境的威脅、被美國官員找碴，並遭指控協助日本散播政治宣傳，聲稱戰敗的敵方在多年遂行侵略、犯下惡貫滿盈的暴行之後，如今企圖藉此博取國際的同情。

而美國本土的政府高層則以TNT炸藥類比原子彈，誘導人民將之視為傳統形式的超級炸彈，並否認其後續的放射性效應。「這就像是為了贏得戰爭的勝利而找來一把比對手更大的槍，這就是它的用途。」杜魯門總統說道：「只是一種火砲武器而已。」[5]當他們最終讓步並承認炸彈引發的輻射汙染屬實時，其恐怖程度則被大為淡化。（那甚至可能是一種「非常愉快的死法」，曼哈頓計畫〔Manhattan Project〕的負責人萊斯利・格羅夫斯中將〔Leslie R. Groves〕如此表示・；該計畫在短短三年內就製造出原子彈。）

美國大眾得以看到蕈狀雲的影像、聽到美軍轟炸機上目擊者意氣風發的描述，然而蕈狀雲底下的實際情況為何，提供直接證言的報導卻幾乎付之闕如。美軍也曾向平面媒體發布照片，揭示廣島和長崎滿目瘡痍的景象，然而這些原爆受災畫面雖然令人警醒，卻難以深入人心，因為過去五年多來，人們每日都被大量重創城市的影像淹沒，從倫敦、華沙、馬尼拉、德勒斯登到重慶……人們早已習慣了。赫西本人也承認，轟炸後的照片只能引發有限的情緒反應，他認為廢墟也許「構成某種奇觀，但……就如瓦礫堆一般，往往是非個人、不切身的」。美國大眾沒看到的，是廣島、長崎各醫院被爆炸倖存者的屍體所圍繞的照片，這些倖存者步履蹣跚地來到醫院尋求醫療援助，卻倒臥在門前的階梯痛苦地死去（大多數醫生與護理人員也都遇難或受傷）。美國大眾沒看到火葬場火

4 此為一九四五年九月十九日發行之駐日盟軍總司令部媒體準則。
5 此為杜魯門總統一九五九年八月二十七至二十九日於哥倫比亞大學發表之聲明。

化成千上萬無名受難者遺體的畫面，也沒看到遭火焚身的婦女與兒童的頭髮一把把地脫落的照片。

媒體所刊出廣島被夷為平地的影像，嚴重淡化了原爆災後的現實。常說一圖勝千言，但針對此例，人們需要赫西三萬字的揭露，才能真正了解美國這枚超大型新武器的真相。當然，日本人不需要赫西去教導他們「小男孩」和「胖子」會造成何種後果，然而當美國讀者終於正確認識這些以他們為名而引爆的核彈時，他們全都震驚莫名。

* * *

本書將講述約翰・赫西如何取得原爆災後完整報導的幕後故事，以及他如何能其他記者所不能，而〈廣島〉又是如何成為（並依然是）有史以來最重要的報導作品之一。過去七十多年間，赫西的〈廣島〉當然未能阻止危險的核武軍備競賽的發生，其揭示的真相也未能解決原子時代的問題，如同《華盛頓郵報》（*Washington Post*）的水門事件（Watergate）報導也未能解決政府的腐敗。

然而，〈廣島〉作為記錄文件，赤裸裸地揭示了核戰的真實樣貌及原子彈對人類造成的傷害，這份文件自第二次世界大戰後的多年來被全球數百萬人廣為閱讀，並確實在防止核戰爆發上發揮了舉足輕重的作用。一九四六年，赫西的報導是第一個真正有效且受到國際關注的針對核武的警告，說明了核武對文明所構成的存亡威脅；此後，它激勵了一代代的社運者與領導人努力避免核戰爆發。核戰，可能會讓地球上短暫的人類實驗灰飛煙滅——我們明瞭了原子浩劫的恐怖，因為赫西向我們展現了它的景象。自從〈廣島〉刊出以後，再也沒有領導人或政黨能在完全不了解核武攻擊的可怕後果的情況下，威脅採取核武行動，也就是說，該行動要不是出於故意的無知，就是虛無主義的殘暴。

傷亡統計數字可能令人麻木。雖然美國最初對於廣島的慘況缺乏理解，主要是因為政府積極防堵當地的資訊流傳，但許多人民至大戰末期對暴行疲乏的這點亦雪上加霜。到了一九四六年，美國人已經與世界上其他地方的人民見證了規模前所未見的大屠殺。第二次世界大戰至今依然是人類史上最慘烈的衝突，美國國家二戰博物館估計，全球約有一千五百萬人死於戰場，約有四千五百萬名平民死傷（光是在中國就可能有多達五千萬名平民傷亡）；俄羅斯估計有二千六百六十萬人死亡，而美國也損失超過四十萬七千名軍人。戰爭期間，美國的刊物每天都會公布世界各地前線的駭人死亡數字，統計數字後面越多零，就越無法想像。到了某個程度，數字似乎不再代表實際死去的人，人的成分已經從統計記錄中脫離了。

赫西在〈廣島〉中告訴讀者，截至當時，該城已有十萬人因原爆而喪生。然而，倘若他在呈現數據與其他發現時採取了平鋪直敘的新聞報導形式，〈廣島〉或許就難以引發如此令人撕心裂肺且歷久不衰的影響力。赫西在《紐約先驅論壇報》（*New York Herald Tribune*）的記者同行劉易斯・葛內特（Lewis Gannett）曾道：「當新聞標題說有十萬人喪生，不論是因為戰爭、地震、洪水或原子彈，人類的大腦都會拒絕對數字反應。」原爆後不久，美國人獲知多種不同的廣島與長崎傷亡估計——每個數字都高得嚇人，尤其想到僅僅一枚原子彈就奪走那麼多條人命更令人恐懼。但依然沒用。

「你會嚥下統計數字，驚駭得倒抽一口氣。」葛內特寫道。「然後轉過身去討論羊排的價格，隨即便忘了。但你若讀了赫西先生的報導，你不會忘。」

對赫西而言，將冷冰冰的數字背後所代表的可怕事實闡述得透澈明白、使人能充分理解乃是關鍵。自一九三九年以來，他赴多處前線報導，見證不分國籍的人一旦不將敵人與俘虜視為人類同胞，便會犯下的各種野蠻暴行。赫西認為，既然戰爭已進入核武時代，人類存活的最佳機會端賴於是否能使人們再度看見彼此身上的人性。

這無非是艱鉅的任務。為了創作一部有助於恢復人類共有人性價值的作品，赫西不僅必須穿透令人麻痺（因而危險）的數據表象，還必須迎擊惡毒且過度簡化的種族主義。戰爭期間，種族主義在全球各地引發了種族屠殺與各種殘暴的罪行。對於美國人而言，將日本人人性化格外具爭議性且困難——珍珠港事件後，這個國家對日本人的仇恨和猜疑已然根深柢固。「美國的驕傲一夕之間崩解了，變成了美國的憤怒與歇斯底里。」赫西日後回憶道。戰時，美國約有十一萬七千名日裔僑民被關入拘留營。好萊塢長期製作大量的影像宣傳與電影長片，警告人們提防這來自東方的非人黃禍；新聞描繪一九四二年巴丹死亡行軍（Bataan Death March）期間美國戰俘遭受的虐待、日本在中國對平民百姓犯下的暴行、太平洋各環礁島嶼上一場場腥風血雨的戰役……這些無不使美國人驚懼萬分，更強化了日本人全都是狂暴野獸的想法。

杜魯門總統在宣布廣島轟炸行動的演說中道出了許多美國人的心聲，他表示，該次原子彈攻擊讓日本為四年前對珍珠港的襲擊「加倍償還」——廣島和長崎的人民罪有應得，就是這麼簡單。八月中進行的一項民調顯示，有百分之八十五的受訪者支持使用原子彈，而大約同時的另一項調查中，則有百分之二十三的受訪者對於美國無法「在日本有機會投降之前投下更多原子彈」而感到惋惜。赫西在亞太地區親眼目睹了日本人在戰場上的殘暴與頑強，儘管如此，他還是決心要讓美國人在廣島人民身上也看見自己。「假如我們所謂的……文明有任何意義，我們就必須承認那些誤入歧途、凶殘的敵人也具有人性。」他如此表示。

赫西進入日本並深入廣島，這在由麥克阿瑟將軍率領的占領軍的嚴密控管下絕非易事。他後來更成功採訪到眾多的原爆倖存者，其中包括一名帶著三個幼子奮力生存的日本寡婦、一名年輕的日本女性職員、兩名日本醫生、一名年輕德國神父以及一名日本牧師。在為《紐約客》撰寫的報導中，他從這六名倖存者的視角，以令人心痛的細膩筆觸，重述了原子彈落下的那一天。「他們依然不解為什麼死了這麼多人，自己卻獨活下來。」赫西寫道。從那天起，他們每個人「目睹的死亡遠多於自己所能想像」。

透過六名生還者的眼睛，赫西也讓美國人看見遠多於自己所能想像的死亡，而且還是一種全新的、呈現獨特恐怖感的死亡。閱讀〈廣島〉時，人們會想像場景不在廣島，而是在紐約、底特律或西雅圖，他們會想像是自己的家人、朋友和孩子陷入原爆的人間地獄。正如赫西克服萬難進入廣島一樣，他也成功破除了人心的疲憊以及族群的壁壘；他成功地引發了同理心，這簡直不可思議。

赫西描寫了六名容易引起共鳴的人物，呈現他們的生命如何在同一刻天崩地裂，其簡單的寫作手法，呼應了原子本身微小卻威力強大的基本原理。

＊ ＊ ＊

赫西認為，美國政府試圖打壓廣島相關訊息的作為近乎可笑，同樣荒謬的是，政府還企圖維持其最初在核技術上的壟斷地位——其他國家遲早（他認為只會更早）會破解其物理原理，而廣島和長崎的真相揭露也只是時間的問題。然而，在他親自進入日本之前——即爆炸發生的十個月後——美國媒體基本上已經放棄深入挖掘廣島的新聞，這給了赫西一個意想不到的壟斷報導的機會。

當時，赫西的文章投入的是一個競爭狂熱的新聞場景，動輒數以百計的報導和國際發展爭相吸引著記者與大眾的目光。美國的記者團隊鍥而不捨地追尋最新獨家，處心積慮要在下一條大新聞的爭奪戰中占得先機。從一年前日本投降以來，已有大量記者被所屬新聞機構派駐東京，占領軍當局起初成功遏止了幾個意圖報導廣島和長崎的大膽行動，並對駐日記者展開密切的監視與掌控。然而隨著時間過去，許多赫西的記者同僚開始對報導廣島災情失去興趣，彷彿那已是昨日舊聞，他們開始將注意力轉向其他的事件。在美國的編輯則被私下要求，任何與核武相關的新聞報導都必須呈交戰爭部；他們收到告誡，不這麼做可能會危及國家安全，而他們幾乎都遵守了。

《紐約客》的創始人暨總編輯哈洛德・羅斯（Harold Ross）素來擅長指導他的戰時撰稿人找到明明近在眼前，卻被其他記者忽略的關鍵新聞，而赫西確實仔細留意了。〈廣島〉在《紐約客》發表時便挾著揭發性報導的氣勢，儼然世紀獨家。（當然，雜誌內部也一直如此看待這篇報導。羅斯和他的主編威廉・蕭恩（William Shawn）對〈廣島〉計畫始終嚴格地保密，不擇手段到近乎荒謬、誇張的地步，直到正式刊出前夕，連自家雜誌員工都被蒙在鼓裡。）赫西的文章掀起媒體狂熱的迴響，〈廣島〉一躍成為全世界的頭版新聞，光是美國就有五百多家廣播電臺報導——儘管赫西的不凡成就說明了其他媒體看似勤奮地取材，卻漏掉了真正的大新聞。

〈廣島〉製造的公關危機使美國政府顏面盡失，因而趕忙控制聲譽損失。但是就如同再也無法關回神燈裡的精靈，〈廣島〉於《紐約客》發表後揭穿了過去美國刻意隱瞞的作為，原爆災後的現實成為了永久性、足以影響政策的國際公開記錄。赫西讓美國人再也無法視若無睹，如物理學家愛因斯坦所說的，無法再次「躲進舒適圈」。

話雖如此，曼哈頓計畫的負責人格羅夫斯將軍卻在促成〈廣島〉面世之事扮演了意外的角色，儘管政府最初正是在他主導之下，扭曲並隱瞞了有關廣島與他所協助製造的武器資訊。文章發表後，美國政府與軍方隨即發現該文也可為自己所用，同時還發揮了意想不到的煽動效果。赫西的報導確實讓美國政府難堪，但部分政府官員也察覺到，〈廣島〉極有效地突顯了美國新武器具有的毀滅性力量，而這不全然是件壞事，反而還成為競爭對手最不樂見的提醒，因為對手還需要好多年才能研發出自己的核武器。（為此，蘇聯對〈廣島〉及其作者深惡痛絕，敵意變得越來越強烈。俄國因此採取行動駁斥赫西揭露的事實、詆毀赫西本人，並淡化美國新型炸彈的威力。）事後回顧，〈廣島〉這篇報導讓不少美國政府的內部衝突浮上檯面——關於原子彈的資訊應該展示多少？又應該不惜一切代價隱藏多少？美國政府內部並無一致的立場。

無論〈廣島〉在各領域有何種不同的意義，赫西與《紐約客》的編輯始終將其視為良知的證明。〈廣島〉旋即以書籍的形式及多種語言的版本於世界各地發行，持續發揮其深刻感染讀者的能耐，銷售了數百萬冊，長年宛如一根矗立在前的嚇阻巨柱。這些目擊者的證言如何遏止後世的領導人將地球化為焦土，赫西在多年後發表了評論，他說：「那並非嚇阻，並非針對特定武器的恐懼。而是記憶，對於廣島浩劫的記憶。」

* * *

大多數的新聞作品保鮮期都很短，然而〈廣島〉只有一個地方過時——赫西在廣島轟炸後幾個月寫下那篇一九四六年的報導時，文中造成致命毀滅的主角「小男孩」已顯得相對原始。當時美國已經開始研發氫彈，後來證明，氫彈的威力比在日本投下的原子彈強大許多倍，而現在的核武庫也包括了數百枚威力遠超過「小男孩」或「胖子」的炸彈。（最強大的核武裝置是蘇聯於一九六一年引爆的「沙皇炸彈」（Tsar Bomba），據報，其威力是廣島和長崎原子彈總和的一千五百七十倍，是第二次世界大戰期間爆炸的所有傳統武器加總的十倍。）據估計，目前全世界的核武器總量有一萬三千五百多枚核彈，倘若爆發戰爭，文明存續的前景便嚴重堪慮。正如愛因斯坦在日本原子彈轟炸後所說：「我不知道第三次世界大戰將如何進行，但我可以告訴你，第四次世界大戰會使用什麼武器——石頭。」

近來，氣候變遷占據了頭條新聞及輿論對話，宛如那是人類面臨的唯一生存威脅，然而，核武仍持續構成巨大的生存威脅，且危險不斷加劇。氣候變遷預期將激烈地改造世界，不過是逐步的；核戰則可能瞬間降下全球性的毀滅，且幾乎毫無預警。赫西在一九八〇年代便曾憂慮會有一時的「閃失」（slippage）——即因為兩個核武強權之間的錯誤或誤解，而導致立即性且不可逆轉的核武對峙一觸即發。假如現在發生這種「閃失」，國家領導人可能在短短幾分鐘內引發足以毀滅地球上所有生命的事件。

長年防堵此類核衝突的壁壘正逐漸削弱。擁核國家的領導人再度加快核武的生產與現代化，而約束此種軍備升級的國際條約則逐漸遭到廢棄。北韓頻頻試射飛彈挑釁，美國偶爾會以武力威脅回應，但實際上卻是睜一隻眼閉一隻眼；而土耳其也現正摩拳擦掌準備加入擁核俱樂部。核監督組織發行的《原子科學家公報》（*Bulletin of the Atomic Scientists*）已將「末日鐘」（Doomsday Clock）重設為「距離午夜一百秒」，末日鐘衡量的是世界與核戰爆發可能性的接近程度，午夜即意味著核浩劫。末日鐘從未如此接近午夜，就算在一九五三年，即美國前國防部長暨《公報》（*Bulletin*）贊助委員會主席裴瑞博士（William J. Perry）口中「冷戰最危險的一年」也沒有過。「當今世界的處境甚至更險惡，核災難發生的可能性更大，卻沒有人採取任何降低危險的措施。」

專家認為，氣候變遷也在促成眼前危險的核武對峙局面。環境劇變是引發內戰的原因之一，內戰迫使難民潮人數創新高，繼而激化國際的緊張局勢；更糟的是，過去成為二次大戰爆發的溫床——也是赫西亟欲透過〈廣島〉消弭的種族仇恨與國族主義——正於全世界捲土重來。社交媒體如今出現大量公開的歧視言論且越演越烈，事實證明，美國人完全無法脫離此種去人性化（dehumanization）的趨勢；舉例來說，許多人便表示願意採取先發制人的核攻擊，對敵國平民造成大規模的傷亡。最近一項針對三千名美國人進行的調查顯示，有三分之一的受訪者支持這樣的攻擊，即使那意味著有一百萬名北韓的平民將在襲擊中喪生。一名支持武力攻擊者表示：「這是我們除掉北韓的最好機會。」另外一名支持者則稱，攻擊目的是：「消滅北韓。」

赫西於一九四六年寫道，他筆下的主人公不明白自己為何能在廣島原爆中倖免於難，而周遭成千上萬的人卻死了。赫西認為，他們生還的部分原因是為了警告後世，核彈在引爆後的很長一段時間仍持續具有致人於死的殘酷威力，並確保未來人類不再使用核武器。他希望自己對廣島災難的記錄能繼續發揮嚇阻的作用，但他也提出警告，假如廣島的教訓遭到忽視或遺忘，那麼人類的存續確實要「畫上一大問號」。

第一章　照片並非故事全貌

地獄邊緣

一九四五年五月八日，紐約。這天是歐戰勝利日（Victory in Europe Day，簡稱 V-E Day），歐洲戰場的德軍甫向同盟軍無條件投降，而希特勒已於前週自盡。歷經多年的殺戮與摧殘，肆虐歐洲的戰火終於畫下句點。

二十五萬名民眾湧入時代廣場，逾千噸紙張[6]自周圍建築物的窗口灑落街頭，撕下的報紙傳單、電話簿紙，以及任何可以撕碎的東西漫天飛舞；華爾街上空如遭暴風雪席捲，盤旋著大量的股價電報紙條。哈德遜河與東河（Hudson and East Rivers）上的船隻紛紛鳴響汽笛，加入岸上的慶祝行列，滿城歡聲雷動，喧囂聲震耳欲聾。

那天值得赫西慶祝的理由不只一個。他不僅與其他紐約人一樣為歐陸戰事的結束而歡欣鼓舞（此前他以戰地記者的身分報導過多處歐洲前線的戰況），他自身也收到可喜可賀的消息。他當時與時任《時代》（*Time*）與《生活》（*Life*）雜誌記者的朋友理察・勞特巴赫（Richard Lauterbach）在曼哈頓中城東河附近的瑞普網球場（Rip's Tennis Courts）打球，遠離時代廣場的狂歡，一名球場工作人員從遮棚區走進球場，對赫西大喊。

「我剛在廣播聽到你得了普立茲獎！」他說。

赫西不信。他遲疑片刻，然後轉向球場上的友人。

「勞特巴赫，你這傢伙想耍我。」他說：「我才不會上當！」

勞特巴赫並未嚴正否認自己在開赫西玩笑，兩人繼續打完了那一盤球。稍晚，赫西回到位於公園大道、他與妻子和三名幼子同住的公寓，才發現自己真的以一九四四年出版的小說《阿達諾之鐘》（*A Bell for Adano*）贏得了普立茲獎。

即便在獲獎之前，當時年僅三十歲的赫西就已經擁有令人稱羨的職業生涯，他不僅在整個二戰期間擔任《時代》雜誌備受敬重的國際記者，同時還是名戰爭英雄——美國海軍部長曾親自向赫西致頒表揚狀，讚許他駐索羅門群島（Solomon Islands）報導日本與同盟軍交戰時，協助海軍陸戰隊傷兵撤離的貢獻。（赫西日後說道：「我應該退回表揚狀的。我之所以欣然協助撤離傷兵的工作，是因為那是能最快讓我離開那個鬼地方的方法。」）《阿達諾之鐘》於一九四四年出版之前，赫西著有兩本廣受好評的書：《巴丹半島的男人》（*Men on Bataan*, 1942）是一部麥克阿瑟將軍與其麾下部隊的傳記，他們自巴丹後持續在

---

6 紐約市環境衛生局表示，從慶祝德國無條件投降的兩天活動中回收了一〇七四噸的紙張。

太平洋艱苦作戰，逐島進攻向日本進逼；而《走入死亡幽谷》（*Into the Valley*, 1943）則描述赫西在瓜達康納爾島（Guadalcanal）隨軍見證的激烈血戰。《阿達諾之鐘》講述一名駐西西里島的美國少校，在當地小鎮具有七百年歷史的鐘遭法西斯熔化用以製造子彈後，幫助鎮民尋找替代的鐘的故事，這部小說甚至在獲普立茲獎肯定前，就已被改編為電影和百老匯戲劇。

普立茲大獎榮耀加身，使得赫西的文學地位更加崇高，有書評因而開始將他與海明威相提並論。他的妻子法蘭西絲・安（Frances Ann）出身南方的富裕之家，教養不凡，是曾在倫敦聖詹姆士宮廷（Court of St. James's）正式亮相的名媛，夫妻倆過著光鮮亮麗的生活。《阿達諾之鐘》電影版於歐戰勝利日數週後的六月上映，而赫西也受邀參訪白宮，另外，極具影響力的八卦專欄作家華特・溫契爾（Walter Wichell）也在專欄中寫到他。

儘管聲勢如日中天，赫西卻保持著相對低調的姿態及迷人的謙遜風度。多年來，朋友及同事皆說謙虛是赫西的一大性格特徵，並且納悶著這特質是從何而來。畢竟，他的人生一路走來，褒揚讚譽始終都沒少過。他以獎學金學生的身分就讀康乃狄克州貴族私校霍奇基斯中學（The Hotchkiss School），在高三時被票選為「全年級最受歡迎人物」與「最具影響力人物」。在進入耶魯大學後，也獲得菁英兄弟會「骷髏會」（Skull and Bones）垂青，其歷屆校友名單不乏多任總統、外交官及出版業巨擘。

這種謙遜或許與他的早年背景有關。赫西生於中國，其父母親是美國傳教士。雖然他自己不信教，但內斂與堅定的道德感可能深植於從小的教養，對於自我吹捧的強烈厭惡亦是如此。他的其中一個兒子後來回憶，赫西在職業生涯初期備獲讚譽時，便認為個人受到矚目很「空洞」，並且早就對「自我行銷」表示反感[7]；往後的生涯，他更情願「讓作品自己說話」，他的其中一個女兒也如此補充道。他生活在鎂光燈下，然而對於大眾而言，他似乎仍是個謎[8]。這很適合他。

---

7 他在報導中亦表示，赫西「沒有信教，他後來反對在那樣的世界長大」。

8 「約翰・赫西不認為他的工作包括推銷自己。」他後來在克諾夫出版社的編輯茱蒂絲・瓊斯（Judith Jones）回憶道，並補充說：「他沒有經紀人，他幾乎從不接受訪問，他也抗拒參加巡迴活動宣傳自己的作品。」話雖如此，赫西自職業生涯最初幾年就開始致力於保存自己的專業遺產，他將〈廣島〉的資料贈予耶魯大學的拜內克古籍善本圖書館（Beinecke Rare Book & Manuscript Library），並將剪報、私人與公務信件、邀請函、關於自己的文章報導、作品的草稿與研究資料、照片及其他自述材料與紀念物存於私人收藏；私人和專業資料也捐贈給耶魯大學供學者參考。這樣出於自我意識的收藏和捐贈行為說明了，赫西很清楚自己作為公眾人物的生活和角色會是未來學者、記者、傳記作家感興趣的主題，並對他們有所助益，而他也

儘管赫西在夏天成了當紅炸子雞，但他其實正面臨生涯的十字路口；他剛從莫斯科返回美國。自一九三九年起，他為《時代》雜誌赴多個戰區報導，並於一九四四年設立雜誌的駐莫斯科分社，這是一項複雜且吃力不討好的任務。赫西不僅總是和他的蘇聯東道主爭執不休，也跟自己的老闆——時代公司（Time Inc.）共同創辦人暨總編輯亨利．魯斯（Henry Luce）——心生齟齬。蘇聯限制並監視赫西與其他駐莫斯科的西方國家記者的行動，赫西記得，他和他的記者同僚大部分時間都窩在大都會飯店（Metropol hotel）喝酒，冀望能「瞥一眼幾百哩外的戰場情形」。

至於魯斯，他極端厭惡蘇聯（即使蘇聯是當時美國的戰時盟友）和共產主義。他認為二十世紀理所當然是屬於美國、民主和自由企業的時代。魯斯與手下的紐約編輯高層鮮少刊登赫西自莫斯科發來的報導，即使刊出，稿子也會經過大幅重寫與修改，改到讓赫西大為光火、揚言辭職的地步。據悉，有次赫西當面告訴魯斯，《真理報》（*Pravda*；當時蘇聯政府的官媒）上具真實性的報導與《時代》雜誌不相上下。兩人關係的惡化對魯斯而言無非是相當遺憾的發展，畢竟雖然他不採用發自俄國的外電，實際上卻有意栽培赫西在時代公司持續擴大、極具影響力的雜誌王國中扛起管理階層的位置。

這位時代公司的老闆一直對赫西有種自戀式的青睞，而這兩人的背景也相似得不可思議——魯斯與赫西一樣出生於中國，雙親都是美國傳教士（因此兩人都是赫西所說的「傳教子」〔mishkids〕），且魯斯也是霍奇基斯和耶魯的獎學金學生。兩人求學經歷唯一的分歧在於魯斯赴牛津大學讀研究所，而赫西則是在劍橋。

對赫西而言，魯斯最初宛如「集各種可能性於一身的驚奇存在」，但後來兩人的關係在他眼中卻逐漸貶低為「類家長」性質。當他明確表示求去時，魯斯驚慌失措並試圖引誘赫西回來，開始訓練他成為《時代》主編，但這最後一刻的誘惑嘗試失敗了。赫西於一九四五年六月十一日辭職，返回紐約。

隨著一九四五年的夏天到來，赫西也在衡量自己的選項。如今，他不再是出版帝國的準繼承人，而是一名自由撰稿人。他的許多記者友人與同事仍留在海外，報導希特勒落敗後戰爭機器的瓦解以及歐洲戰後的狀況。太平洋戰火持續肆虐，紐約很快又瀰漫著一股令人作嘔的不安。即使在歐戰勝利日當天，日本尚未敗北的陰霾亦使歡慶氣氛黯淡不少。有些慶祝者試圖掩蓋那股恐懼，高舉標語宣告：

願意為他們提供資料，以重建他的人生、報導與創作過程。

「前進東京！」

「前進日本！」

「打倒兩個，剩一個！」

擊敗日本的預測令人又喜又憂。日本海軍已然潰敗，而同盟軍已占據了可對日本本土進行空襲作戰的行動基地。該年冬末，一場對東京的燃燒彈空襲，一夜之間焚毀日本首都十六平方哩的土地。然而，日本並未表現出明顯的投降跡象。赫西與許多美國人一樣，擔心對日本發動陸上進攻作戰勢不可免，終將釀成雙方可怕的傷亡。

「我曾在多次短兵相接中遭到日本人攻擊，因此很清楚他們有多麼頑強、多麼奮不顧身。」他說。

美國戰爭部早前已宣布，開始把歷經歐洲戰役的沙場老將調遣至太平洋。赫西的許多戰地記者同僚也因此蜂擁至太平洋戰區，隨盟軍部隊行動報導戰況，其中包括《紐約時報》的比爾・勞倫斯（Bill Lawrence），他曾與赫西同時派駐莫斯科。勞倫斯在信中向他的編輯和赫西談及自己的各項採訪任務，讓他們隨時了解遠方的情況；勞倫斯和赫西在俄羅斯時是酒友，他「壯得像頭熊，是女人眼中的萬人迷」，還曾在列寧格勒的一場宴會上醉得不省人事，最後讓人拽著腳拖離會場。

勞倫斯的最新任務是報導同盟軍入侵沖繩的行動——這可讓人毫無醉意——他向紐約回報，戰鬥十分漫長且煎熬。在島上，他目睹美軍戰機向滿是山洞的山頭灑下大量的燒夷彈，到處燃起熊熊烈火，就像「士兵說的……『日本鬼子燒烤』」；若不這麼做，就得展開逐洞攻堅的肉搏戰。勞倫斯認為，對日戰爭勢必要持續數年，因為他看不到日本士兵有絲毫示弱的跡象[9]，而美國軍方則正為一九四五年秋天對日本發動兩棲登陸攻擊進行準備。

「我們在太平洋的人，很少人知道……戰爭即將結束。」勞倫斯後來回憶道。七月中，歷史上第一枚原子彈在新墨西哥州的沙漠成功地祕密引爆，而最終投向廣島和長崎的炸彈，正在準備中。

---

9 他還在報導中表示，情報局官員估計，預定於一九四五年秋天發動的地面襲擊將造成五十萬盟軍傷亡。

殘虐的新型炸彈

一九四五年八月六日，赫西在紐約州的冷泉港（Cold Spring Harbor）聽到杜魯門總統在廣播中宣布，美國對廣島投下了原子彈。總統宣稱，此種新武器的可怕威力源自於宇宙的基本力量。「太陽藉以產生能量的那股力量被我們釋放出來，對付在遠東發動戰爭的人。」他說。假如日本不接受前月同盟國領袖在波茨坦會議（Potsdam Conference）公告的條款，並無條件投降，他們可能會招來毀滅。杜魯門總統透露，還有更多的原子彈正在製造中，包括破壞力更強的版本，他表示「美國會繼續投放原子彈，一枚接著一枚，直到日本投降」。

赫西與勞倫斯不同，他還在《時代》雜誌時就聽說過原子彈，因此這消息並未讓他像其他人一樣陷入困惑——絕大多數的美國人和其他國家，對於這項斥資二十億美元的核武器研發計畫毫不知情。有數以萬計人分處美國多個祕密地點參與曼哈頓計畫，卻不清楚到底在建造什麼；許多美國飛行員在猶他州和太平洋接受轟炸任務訓練，亦未被告知任務的詳細內容和目標。「他們對自己的任務性質一無所知。」一名天寧島（Tinian）的觀察員回憶道。位於太平洋的天寧島即是廣島轟炸小隊的起飛基地的所在地。「他們全都被要求志願加入某個組織，『要做一番大事』，所知僅此而已。」甚至連杜魯門總統也是直到前任總統羅斯福過世，才得知該計畫的存在。那是一九四五年四月，距離第一枚原子彈在新墨西哥試爆成功僅有三個月。

聽到廣島的消息，赫西頓時被一種絕望感淹沒——那並非是罪惡感，甚至也不是最初對廣島受害者的惻隱之心，而是對未來世界的全面恐懼。他立刻明白，人類突然間開啟了可怕的歷史新頁。然而，他也感到如釋重負——儘管廣島原子彈肯定恐怖至極、影響堪憂，但它也許終於能為戰爭畫下句點。

但三天後，他的解脫感亦蕩然無存。美國在日本投下第二枚原子彈，這次在港口城市長崎。赫西大為驚駭。在他看來，第二次核攻擊是完全站不住腳的多餘行動，是釀成數以萬計不必要死亡的「徹底的犯罪」。

「我們對日本人做了一次可怕的示範。」他日後回憶道：「我相信一顆炸彈就足以迫使日本投降。」美軍對日本多座城市（以及德國）發動燃燒彈空襲，這對他而言已應受道德譴責，然而原子彈又為人類在戰爭中造成大規模傷亡的能力再添「駭人的效率」。

世界各地的刊物開始登出廣島和長崎上空驚悚的蕈狀雲照片。一名隨行採訪長崎轟炸行動的《紐約時報》記者形容，從那座被夷平的城市竄升起的雲，宛如一座「有生命的圖騰柱，上面雕有各種怪誕的面具，在對著地球做鬼臉」。巨大蕈狀雲之中又冒出一朵較小的蕈狀雲，「彷彿被斬首的怪物生出一顆新的頭」。執行轟炸的機組人員在二百哩外仍然可以看見那團雲。

現在，全世界都等著獲知廣島和長崎地面上的情況。「一團無法看透的濃密煙塵遮蔽了轟炸地區，使偵察機無法獲取情報。」《紐約時報》八月七日的報導寫道：「廣島的狀況尚未明朗。戰爭部表示『目前還無法做出準確的報告』。」

同盟國記者與編輯等待著初步的報告，告訴他們廣島和長崎人民的命運；駐太平洋記者亦緊盯著日本媒體和廣播電臺，搜尋任何描述原爆城市災情的報導。然而，日本媒體在日本情報部門的指示下，將攻擊輕描淡寫地帶過[10]。（「廣島遭到燃燒彈襲擊。」日本大報《朝日新聞》寫道：「此次攻擊似乎對廣島市及鄰近地區造成一些傷害。」）媒體最初的反應如此低調，以致於美國官員擔心日本人是否未充分理解自身的處境。

儘管如此，關島美軍基地聽到至少一家東京電臺報導聲稱，投向廣島的並非一枚，而是多枚「掛著降落傘的原子彈」。該報導首先被合眾通訊社注意到，並且引發「華府聲明或敵軍報導何者正確」的困惑。日本電臺播報員繼續說：「美國人使用這種勢必會大量屠殺無辜百姓的新武器，讓全世界看清其殘虐的本性。」

其後，八月十五日，廣播發布了一則更令人震驚的宣言。日本裕仁天皇告訴他的國家（天皇被視為具有神格，大多數人民從未聽過他的聲音），由於遭受「殘虐的新型炸彈」攻擊，日本向同盟國投降。（此聲明為無條件投降，而裕仁則得以續留天皇之位，這是同盟國原本拒絕但後來同意的讓步。）天皇繼續說道，如果日本堅持戰鬥，不僅將使國家面臨毀滅的命運，還可能導致「人類文明的徹底滅絕」。

世界各地歡欣鼓舞。紐約市慶祝對日戰爭勝利日（Victory over Japan Day，簡稱 V-J Day）的場面，頓時讓五月的歐戰勝利日相形失色。這天有兩百萬人湧進時代廣場與周圍街道，擠得水洩不通，而當《紐約時報》在時報大樓的電子

---

10 儘管日本政府第一時間派遣國內頂尖的物理學家仁科芳雄教授前往廣島勘查受損狀況，並於八月八日獲取完整簡報，日本政府與媒體起初仍封鎖消息，並未透露攻擊的真正強度，以及武器是原子彈而非傳統武器的事實。仁科芳雄在報告中形容數以萬計人喪生的現場「無法言喻」，他表示：「到處都是成堆的屍體……不適、受傷、赤身裸體的人們四處遊蕩，神情恍惚……幾乎沒有未倒塌的建築。」他後悔必須告知政府對方使用的新型武器為原子彈。他之所以能辨識出武器型態，是因為日本與德國一樣，都在進行自己的原子研究，不過曼哈頓計畫負責人格羅夫斯將軍在評估競爭可能性時「確信日本不構成威脅」。

跑馬燈看板中亮出「官方消息——杜魯門宣布日本投降」的字幕時，「勝利的怒吼聲……震動著耳膜，最後淹沒了所有感官。」一名《紐約時報》記者回憶道。慶祝派對瞬間瘋狂展開，整座「大都會的情緒以原子力爆發開來」。這回狂歡的代價較嚴重，有近千人在慶祝活動中受傷並接受治療，另外也有一萬四千名警員和防空隊員、一千多名海岸巡邏隊員和四連憲兵隊被調來壓制「過度熱烈」的現場。有些狂歡民眾在街上變得歇斯底里，或當著大庭廣眾啜泣；數千人湧入教堂及猶太會堂禮拜；整座城市的商店櫥窗都掛起了美國國旗，陽臺、防火梯和車窗也探出飄揚的旗幟；大量的碎紙再次如煙霧般在空中盤旋，落在地上的紙片堆高及膝；海陸軍士兵在街上散開，抓住女孩擁吻；十多個裕仁天皇人偶吊掛於電線杆上，並被砍下焚燒，小男孩們也舉著手寫的「吊死天皇」標語……翌日，所有的瘋狂激情又再次重新上演。

似乎鮮少有人與赫西一樣，對美國最終結束戰爭的手段感到憂慮不安。一項在對日戰爭勝利日後進行的調查顯示，絕大多數受訪者認同對日本採取的核武攻擊，而在八月的另外一項民調中，則有近四分之一的受訪者表示，他們希望美國能在天皇投降前多投幾枚原子彈。

最早的實地採訪

美國高層立刻敦促大眾放眼未來，而非反思這場戰爭。對日戰爭勝利日當晚，紐約市長拉瓜迪亞（Fiorello La Guardia）透過廣播發表演講，他說，這確實是一個值得歡欣鼓舞的時刻，然而還有大量的工作需要開展。他說：「我們擊敗且永遠消滅了納粹、法西斯和日本人，更不能辜負這代表的一切。」歐洲民主重建，與美國戰後秩序恢復的任務，必須刻不容緩地展開。

美國人欣喜若狂，卻也精疲力竭，因此許多人樂於將戰爭的恐怖拋諸腦後，專注於未來，然而並非所有人都準備如此迅速地放下戰爭最後幾天的事件。好幾星期過去了，美國主流媒體對於廣島和長崎後續的報導依然很少，主要是因為西方記者尚無法進入日本。日本媒體此時開始自由報導原爆後的災情，使得令人不安的消息漸漸傳至美國，透露著殘留的輻射仍持續奪去爆炸生還者的性命。這時機是再糟糕不過了，因為美軍正大舉集結至日本諸島，準備讓數以萬計的占領部隊進駐日本境內——包括原爆城市在內。

一九四五年八月三十一日，廣島原爆三個多星期後，《紐約時報》刊登了第一位實地進入廣島的西方記者所撰寫的報導。前合眾通訊社記者中島覺（英文名為 Leslie Nakashima，在戰前即擁有美日雙重國籍）在戰爭期間受困並滯留於日本，他於八月二十二日進入廣島，在斷垣殘壁間尋找他的母親。（原子彈落下時，她人在廣島外郊，最後生還。）八月二十七日，合眾通訊社發布了他在當地親眼見證的觀察。中島在報導中寫道，這座擁有三十萬人口的城市消失了——沒有一棟建築逃過一劫或完好無損，廣島如同一座怵目驚心、滿是殘骸與灰燼的廢墟。

中島在最初發給合眾社的新聞中亦指出，「小男孩」在八月六日製造的惡果還未結束，每天仍有爆炸倖存者「持續因爆炸紫外線所造成的灼傷而死去」，他補充：「（殘存醫院收治的）患者大多數被認為存活無望。」他見到的許多生還者都因嚴重燒傷而難辨面貌。關於美國原子彈的真實性質，各種天花亂墜的傳言在當地甚囂塵上，像是炸彈釋放的鈾已滲入廣島地下，或者這座城往後七十五年都將無法居住，亦有說法稱爆炸倖存者是因「吸入炸彈氣體」而遭受輻射毒害。中島在報導中提到他自己「吸入了鈾」，此後便持續飽受疲倦與完全喪失食慾所苦。

四天後，《紐約時報》刊登了中島那則合眾社報導的縮簡版——報導埋沒在第四版，且幾乎刪去了所有提及輻射及鈾汙染的部分，並加上編輯附註聲明：

「美國科學家表示，原子彈不會在被轟炸地區留下殘餘的副作用。」經過大幅修改的報導表明，受害者只會因爆炸所造成的燒傷與其他傷害喪生，而非輻射傷害。此外，該報導下方緊接著另一篇文章，標題為「日本報導引疑竇」，文中描述曼哈頓計畫負責人格羅夫斯將軍聲稱：「日本報導提到原子彈爆炸之放射線致死，純為政治宣傳。」

格羅夫斯將軍繼續說道：「我想對於任何抱持懷疑者最好的回應是，我們並非發動這場戰爭的人。如果他們不滿意我們結束戰爭的方式，不妨想想是誰起的頭。」

然而才過幾天的九月初，便出現了另一則令人悲痛的報導。當時美國占領軍正進入日本，許多外國記者也順勢入境，其中有幾名強悍的同盟國隨軍戰地記者，要競相取得在廣島、長崎實地採訪的第一個重大突破性報導。儘管占領軍當局禁止西方記者在日本境內到處活動，倫敦《每日快報》（*Daily Express*）的澳洲戰地記者韋佛瑞德·柏契特（Wilfred Burchett）仍成功設法進入廣島。柏契特從沖繩搭乘一艘載滿海軍陸戰隊士兵的美國貨輪抵達日本，再旋即登上往廣島的火車，而他所見的城市看起來不僅是遭到轟炸，簡直就像是被蒸汽壓路機輾平。《每日快報》刊登了他的觀察，並以通欄大標題宣告著「原子瘟疫」。

柏契特寫道，他在「向世界發出警告」，正視原子彈的真面目。（他後來形容，自己所目睹的不僅僅是第二次世界大戰的終局，而是「第三次世界大戰爆發最初幾小時，世界各地城市的命運」。）爆炸造成的物理性破壞令人瞠目結舌且難以想像。整座城市粉碎了。日本關於輻射傷害的報導終究並非謊言或政治宣傳，他親眼目睹了相反的證據。爆炸發生的三十天後，廣島的人們仍在「神祕且可怕地」持續死去，包括在爆炸中未受傷的人——他們頭髮脫落，耳朵、鼻子與嘴巴冒血，無助的醫生為患者們注射維生素A，卻發現患者的皮肉自注射孔開始潰爛。「不論何種情況，受害者都會死去。」柏契特報導道。醫生不曉得導致「瘟疫」的原因為何，但懷疑是「土壤被鈾原子分裂的放射線滲透，持續釋放有毒的氣體致病」。該報登出一張殘破城市的空拍照，並附上警告標題：「此照片並非故事全貌。」

同日（九月五日），《紐約時報》的路線大轉彎，以頭版刊登自家記者在廣島的實地採訪報導——由赫西的朋友勞倫斯撰寫——標題宣稱廣島確實是全世界「損傷最慘重的城市」。勞倫斯寫道他「從未目睹過這樣的毀滅景象」，空氣中瀰漫著「可怕、令人作嘔的死亡氣味」。他證實了柏契特的說法，即爆炸倖存者的確承受著劇烈的痛苦，原子彈確實留下神祕且駭人的餘毒。症狀包括高燒、毛髮嚴重脫落、白血球幾近完全喪失、食慾不振……大多數受害者會「吐血，最終死亡」。

然而《紐約時報》與勞倫斯似乎又很快收回前論，並改變立場。那篇「損傷最慘重的城市」的報導發表不到一週，勞倫斯便寫了一篇新文章，標題為「敵人意圖博取同情」。

勞倫斯在報導中寫道，如今他確信：「儘管原子彈的恐怖無庸置疑，但日本人在誇大爆炸的影響……試圖為自己博取同情，讓美國人民忘記日本長久以來的冷血暴行。」這退卻的舉措令人困惑，顯然背後發生了某些事。

正確的宣傳

倘若赫西在爆炸發生時已是憂心忡忡，那麼最初幾篇從廣島發出的報導只加劇了他的不安與沮喪。《紐約時報》刊出勞倫斯的首篇廣島報導後不久，赫西便收到他的來信。儘管剛目擊並報導了各種慘況，勞倫斯對自己挖得的爆炸後初步獨家顯然難掩得意。

「大部分內容都登上《紐約時報》（頭版），你時不時會讀到這份報。」他向赫西吹噓道。「原子彈就如大家所說的那樣。」他繼續說：「只不過我不認為它會殘留放射性。至少我希望不會。至少我希望它不會讓所有人無法生育。至少我希望它不會讓我不孕。」

勞倫斯告訴赫西，他並非如柏契特那般以獨立記者的身分前往廣島，而是參加由一名負責媒體公關的空軍軍官所策畫的政府招待記者團——在轟炸日本前的該年七月，一群精心挑選的報社與電臺記者，以及靜態與動態新聞攝影師被緊急召集至五角大樓，而勞倫斯即為獲選的一員，其他還有來自美聯社（Associated Press）、合眾社、《紐約時報》、全國廣播公司（NBC）、哥倫比亞廣播公司（CBS）和美國廣播公司（ABC）等媒體的記者。

在五角大樓接待他們的是暱稱「德克斯」的約翰·里根·麥凱瑞中校（John Reagan "Tex" McCrary），他原為記者，後加入美國陸軍航空部隊（U.S. Army Air Force）擔任媒體公關的負責人。記者們日後回憶，生於德州「野貓農場」（Wildcat Farm）的麥凱瑞中校活力充沛、自信滿滿，他是完美的表演者，後來更成為廣播電視界的名人，開創晨間脫口秀的節目形式。麥凱瑞中校告訴在場的記者，他們被選中執行戰爭以來最重大的報導任務。（「怎麼，又來了？」一名記者嘲諷道。）麥凱瑞依上級指示記者展示空軍作戰的傑出表現，但記者得知，他們被選中報導的是另外一件「即將改變歷史軌跡、驚天動地的事件」[11]，其「極為機密」，並將發生在太平洋。顯然，美國認定有必要對其新型炸彈進行一定程度的宣傳，並且要是經過嚴格控管的正確宣傳。他們必須向盟友和敵手展示炸彈的極端破壞力，亦即，美國作為原子彈製造者與唯一擁有者的新晉強權地位。

麥凱瑞曾詢問格羅夫斯將軍，他是否可以隨行廣島的轟炸任務（他的請求遭拒），除此之外，他並無更深入地參與曼哈頓計畫。他的任務在於為記者規畫一趟豪華的戰後觀光之旅，麥凱瑞的記者招待團將乘坐兩架閃亮亮的波音B-17空中堡壘轟炸機（Flying Fortresses）——麥凱瑞分別命名為「頭條號」（Headliner;名字以黑色大寫字母漆於機首）與「即時號」（Dateliner;配備豪華座椅、書桌、檯燈及最先進的遠距無線電發射器）。麥凱瑞中校的桌子上方則掛著一枚「審查通過」章。

11 麥凱瑞傳記作者查爾斯・凱利（Charles J. Kelly）於《德克斯・麥凱瑞傳》（*Tex McCrary*）中表示，記者招待團的初衷是「竭盡所能地確保美國人民看見空軍在擊退敵軍過程中的戰略武器位置」，但許多名特別被選入記者團的記者回憶，他們從一開始就被告知自己獲選的任務是報導終結大戰的關鍵事件——原子彈轟炸。

記者招待團的行程先於歐洲展開，因此記者可以檢視歐洲各城市受轟炸的程度，最後「將其與我們擊敗日本後的日本受損情況進行比較」，以強調破壞強度的差別，一名記者憶道。八月六日，記者團剛啟程前往亞洲，便與全世界一同得知廣島轟炸的消息[12]。月底，「頭條號」與「即時號」匯集至日本，屬第一波抵達的記者團之一。麥凱瑞中校命令飛機行經長崎上空，讓記者得以從上方觀察遭受重創的城市；記者們皆被鼓勵立即將自己的第一印象傳回所屬的新聞媒體。

「當我們的飛機在長崎的上空盤旋時，我對著麥克風即席口述給《紐約時報》，而我的軍方審查員——駐關島情報官休伯特・史奈德中校（Hubert Schneider）就在一旁聆聽著。」比爾・勞倫斯日後回憶道。「事實上，史奈德中校提供了軍方情報中長崎被轟炸前的市貌描述，協助我構思報導。」

麥凱瑞在長崎的目標在於讓媒體在報導原子彈轟炸時，不至於描繪得太過寫實逼真，或透露太多爆炸後的災況。即使幾天後，記者團被帶至廣島和長崎實地查訪，一個地方也只被允許停留幾個小時。眼前的景象令他們大為驚駭，一名麥凱瑞記者團成員日後回憶，廣島儼然是被徹底摧毀的「死亡實驗室」，遍地散落著「人類白老鼠」的屍骸。麥凱瑞記者團走過城市的斷垣殘壁途中，撞見了《每日快報》的澳籍記者柏契特，當時他坐在仍持續悶燒的廢墟之間，憤怒地敲打著他的愛馬仕手提打字機，撰寫著那篇〈原子瘟疫〉（*Atomic Plague*）報導。柏契特對這群家犬般「訓練有素的記者」嗤之以鼻，認為他們不過是「忠實地複述華府總部公報內容，並獲得獎勵」。柏契特後來寫道，承諾讓他們搶先目睹史上最大獨家——即美國最新致勝武器的成果——其目的實際上是大規模的掩蓋行動。

勞倫斯向赫西描述記者團經歷的信件中，省略了許多細節。他並未提到，記者團在廣島重新登上「頭條號」準備發稿時，麥凱瑞中校指示記者淡化剛才所見的殘忍、恐怖的細節，因為國內的美國人「尚未準備好」。勞倫斯在信中也未告訴赫西，記者團返回東京時，麥克阿瑟將軍（此刻的同盟國最高統帥，亦為實質上的新日本天皇）與其麾下軍官旋即對日本和外國媒體強行施壓。麥克阿瑟將軍因麥凱瑞的任務大為震怒，據說他威脅要將記者團及隨行人員全數送

---

12 克拉克・李與記者團的其他成員後來表示，他們最初預定實際見證廣島的轟炸行動，但行程延後了，因為麥凱瑞將飛機拉到羅馬去見他參加勞軍活動的妻子金珂絲・法肯珀。法肯珀於九個月後產下兩人的孩子，從時間推算，應是在羅馬行的期間受孕，於是有人打趣說，孩子的綽號應該叫「小廣」，以紀念「愛情的力量勝過原子彈的時刻」。

交軍事法庭審判。雖然有機上審查，但麥凱瑞記者團透過「頭條號」傳送器發出的最初報導，包括勞倫斯為《紐約時報》撰寫的首篇報導，仍明顯地超出正面炸彈公關報導的界線太多，造成負面的公關效果。更糟的是，柏契特為《每日快報》撰寫的〈原子瘟疫〉獨立報導亦剛發布，在全球引發強烈的抗議聲浪。（柏契特一開始能成功地將報導送出廣島堪稱奇蹟，他必須先用小型摩斯密碼機將文章傳給東京的一名同事。）

無論在東京或華府的美國政府官員都意識到，媒體和廣島的報導需要被控管，而且刻不容緩。駐日美軍迅速宣布兩座原爆城市為「記者禁入區」，並將記者集中至橫濱（被柏契特稱為「媒體貧民窟」，橫濱亦是美軍的登陸點）。占領軍當局在橫濱與東京之間的河橋上部署了崗哨。在柏契特從廣島返回東京後，他們找到了懲罰他的方法——柏契特因為出現類似輻射中毒的症狀而入院治療，他帶著記錄了廣島滿目瘡痍的景象的相機，但相機卻在其住院期間神祕地不翼而飛。出院時，他發現麥克阿瑟將軍撤銷了他的採訪證，他回憶道：「我將被驅離日本，原因為我擅自越過『他』的占領區邊界。」

麥克阿瑟將軍在東京布下的審查人員形成組織，並且很快便學聰明了。幾天後，他們成功地壓下第三位外國記者所撰寫的另一則具殺傷力的報導。有位名為喬治・韋勒（George Weller）的美國戰地記者性格十分好鬥（《時代》雜誌曾稱之為「老挨機關槍子彈的韋勒」），他獨自闖入長崎，試圖向所屬報社《芝加哥每日新聞》（*Chicago Daily News*）回報當地的災情。

韋勒對麥克阿瑟將軍的限制與審查措施完全不屑一顧。「我有權留在長崎，無論它是否被封閉。」韋勒後來說道：「兩枚原子彈爆炸後已過四周，日本沒有發生暴動或抵抗，麥克阿瑟理應將他的滅燭罩從這兩座城移開……我是不會被掐熄的。」如果麥凱瑞中校的警告是「美國人尚未準備好接受廣島和長崎的真相」，那麼韋勒的看法則恰恰相反。他認為，美國迫切需要的是「好好洗一場現實的冷水澡」——不論是美國政府，或人民。

韋勒與柏契特一樣，成功地從麥克阿瑟將軍的占領軍看管下溜開，甚至還假冒成美國上校，讓當地的日本警察保護並協助他的採訪行動。實地進入長崎後，他在當地待了好幾天，並於其間寫下一萬字，生動且詳細地描述一種險惡的「X病」如何大肆侵襲原爆生還者。（諷刺的是，他也跟柏契特一樣，在麥凱瑞率領的記者團蜻蜓點水地進出長崎之際，與他們碰個正著。那群記者在韋勒眼中「就像在小島停留，購買手工編織籃的遊艇旅客」。）他依然偽裝成上校，藉此要求日本憲兵隊幫他將文稿運往東京，以便發回美國。東京的審查單位顯然不像韋勒的信差一般天真，因為韋勒的報導顯然遭到攔截，然後「遺失」了。

這些事情全都要等到很久以後才被公諸於世。但與此同時的九月十日，勞倫斯在信中向赫西描述的，盡是麥凱瑞記者團多麼熱鬧好玩、是一趟「美妙的旅行」。他很快就會回到美國，然而此刻，他仍坐在艙內鋪有鑲板的 B-17 轟炸機「頭條號」上，一邊寫信給赫西，一邊欣賞著富士山的景色。

「我這段時間過得非常愉快。」他對赫西說。「兄弟，羨慕嗎？」

赫西當時是否羨慕勞倫斯得以進入廣島報導，這不得而知，但即使在轟炸後最初幾週，他亦察覺到呈現在大眾眼前的廣島報導，存在著某些嚴重的扭曲。他日後回憶：「作為記者，除了書寫這個（第一枚原子彈在廣島投下之際）誕生的世界，我別無選擇。」這只是時間早晚的問題罷了。

第二章　全球獨家

鄉巴佬與直覺男

誠如一般人想像，坐落於西四十三街二二九號的《紐約時報》總部有著強烈的存在感。時代廣場本身便是以附近的《紐約時報》原始大樓命名，它也曾是全市第二高的建築。《紐約時報》的新大樓散發著權威與莊嚴的氣勢，石灰石與赤褐色的「法式城堡風格」建築有十一層樓高，隨著《紐約時報》持續蓬勃地成長，報社增建了樓層、側樓與附樓，使其成為「世界最棒也最完整的新聞工作坊」。

與《紐約時報》旗艦大樓位在同一條街的不遠處，則是另一間截然不同的出版機構——《紐約客》雜誌的總部。《紐約客》的辦公室與鄰近的大出版集團相去甚遠，僅占西四十三街二十五號的幾層樓，不論以誰的標準看來都會覺得破舊不堪。「髒亂成為員工引以為傲的特點。」一名長期為《紐約客》撰稿的作家說道：「就好像這間雜誌社認清自己沒本錢光鮮亮麗，便決定盡可能地醜陋。」灰泥塗料偶爾從天花板掉落，牆壁剝裂的油漆如花體字般捲曲，正職撰稿作家與編輯在主走廊兩側的辦公室裡埋頭作業，這些辦公室就像「油漆斑駁的陰慘小牢房」。

電梯大廳立著一只火盆，裡面塞滿菸蒂和揉成團的退稿通知，足見多少作家與藝術家渴望加入《紐約客》的行列卻未受青睞。在這裡，才華和某種機敏是不可或缺的，況且雜誌的定位也並非適合所有人閱讀，倘若《紐約客》的讀者超過三十萬，其創辦人兼總編輯哈洛德・羅斯恐怕會焦慮發作。（「人數太多了。」他曾說道：「我們一定做錯了什麼。」）羅斯從一開始便信誓旦旦，自己的雜誌（創辦之初定位為幽默刊物）將只瞄準講究的都會族群，正如他在一九二五年的《紐約客》發刊辭中所言，諸如「杜比克的老太太」投稿的鄉土情思文章，他們會堅持不懈地不予採用。

赫西既然脫離《時代》雜誌與亨利・魯斯的束縛，便可自由地為任何刊物撰稿；他希望加入《紐約客》，所幸《紐約客》也屬意他。赫西知道，一旦魯斯發現自己的「傳教子」接班人棄他而去，跳槽到《紐約客》，他恐怕要大發雷霆，因為時代公司的老闆本就與哈洛德・羅斯水火不容。羅斯對於魯斯明顯愛國主義過頭的立場，還有魯斯的編輯要求雜誌記者書寫的「《時代》體」皆甚為反感。赫西坦言，那文風矯揉造作，經常喜好標新立異的倒裝句法。對於《紐約客》一眾妙語如珠的寫手而言，魯斯和「《時代》體」成了完美的諷刺對象——這一點羅斯和他的作家群再擅長不過。（一位《紐約客》撰稿人模仿了《時代》

雜誌的風格嘲諷道：「在倒退中，句子開展，直到腦子天旋地轉。」（Backward ran the sentences until reeled the mind.」「沒完沒了到何時，天知道！」（Where it all will end, knows God!」）

事實上，赫西一年前就曾在《紐約客》發表了第一篇報導——當時他仍受雇於魯斯——該報導描寫一位名叫約翰・費茲傑羅・甘迺迪的年輕海軍上尉，以及他在索羅門群島經歷的苦難。一艘日本驅逐艦投放深水炸彈攻擊他的魚雷快艇（PT boat），將魚雷艇攔腰斬斷，造成其手下兩名士兵罹難。魚雷艇艇長甘迺迪帶頭營救他的艦艇兵，親自將傷勢最重的人員拖到附近的一座荒島。

甘迺迪恰好是赫西的夫人法蘭西絲・安的前情人，他們在戀情告終後仍維持友好的關係。一九四四年二月的某夜，赫西夫婦與甘迺迪在曼哈頓一間時髦的夜總會裡相遇，甘迺迪在那裡向赫西道出了他的遭遇。赫西當場告訴甘迺迪，他希望做一篇深度報導描述他的經歷。（「他當時是〔前〕外交官〔約瑟夫〕甘迺迪之子，也就是說，他是具新聞價值的人物。」赫西日後回憶道。但他補充說：「那明顯是個好故事，不管他是否姓甘迺迪。」）赫西此時已累積了五年的戰地報導經驗，開始著迷於書寫歷劫餘生、人類在極端威脅下堅忍不拔的故事。他起先將甘迺迪的側寫文章提交給《生活》雜誌（魯斯旗下雜誌之一）的編輯群，卻出乎意料地遭到拒絕。

赫西因此獲准帶著這篇報導四處尋找出版機會——這最終成為魯斯團隊另一項懊悔莫及的決策，因為他們等於是替赫西與未來的東家牽線——最後來到《紐約客》哈洛德・羅斯的副總編輯威廉・蕭恩面前[13]。蕭恩立刻把握住機會。事實上，羅斯告訴甘迺迪的父親約瑟夫・甘迺迪，蕭恩「兩年來一直試著向赫西邀稿。在終於得到一篇報導後，簡直欣喜若狂」。

彼時，《紐約客》只剩最基本的戰時人力，雜誌的許多作家、藝術家和編輯都被徵召或已經入伍。羅斯和蕭恩每週工作六到七天，負責統籌雜誌非虛構欄位的一切大小事務。（羅斯向一名作家發牢騷，說他「像隻落湯螃蟹」。）那是赫西首度與業界這對出了名地有趣，且風格南轅北轍的雙人組合作。赫西對羅斯格外感興趣，很容易被他逗樂。赫西後來回憶：「他有張鄉下人的寬闊大嘴，臉上的皮膚粗糙得如月球表面，略大的頭頂著剪到僅約兩吋的短髮，頭髮向四面

13 根據赫西的耶魯大學同學布蘭登・基爾之子麥可・基爾（Michael Gates Gill）所言，赫西可能是經由基爾介紹給《紐約客》團隊。基爾是《紐約客》撰稿人也是該雜誌最後的傳記作者，他先前便鼓吹赫西離開《時代》跳槽《紐約客》，稱《時代》是最後不得已的落腳處。

八方豎立。」在赫西的眼中，這是太有趣的諷刺：「他的雜誌面向著時髦講究的都會人，他會在深夜造訪當時紐約最時尚的夜生活據點——白鸛俱樂部（Snork Club）——並且總會被安排到裡側包廂最高級的座位，而這樣的一個人，看上去竟像個鄉巴佬，徹底的土包子。」

羅斯生性誇張，出口成髒的造詣過人。他偶爾會在會議中抄起一支棒針當作指示棒，接著一邊揮舞著棒針，一邊砲轟作家們，末了再輕快地說：「好吧……願上帝保佑你。」他經常在作家初稿的空白處寫上幾十個問題和修改意見，將文章批得體無完膚。（「給羅斯改稿的經驗，就像被一群蚊蚋大軍活活叮死。」一名《紐約客》作家回憶道。）赫西將那篇甘迺迪的報導投給《紐約客》編輯後，收到的回稿空白處便密密麻麻地寫了五十多個羅斯的修改意見。

「就像是一連串憤怒的拷問與咆哮。」赫西回憶道。「我在甘迺迪的磨難近尾聲時寫道，他遇到幾位島民，給了他們一顆椰子，上面『寫有他的留言』。羅斯在註記處提問：『拜託，你幫幫忙，用什麼寫？難不成是血？』」

與之相反，蕭恩則是內斂到幾乎隱形的地步。他告訴他的《紐約客》作家兼情婦莉莉安·蘿絲（Lillian Ross）：「我在那裡，也不在那裡。」他身材極為矮小，在某些人眼中就像個小精靈。美國政府透露可能也要徵召蕭恩的不祥消息時，羅斯斷然地打發了政府的試探，他對白宮官員如此形容自己的副手：「三十七歲，扁平足，駝背，藥罐子。要他勝任比坐在打字機後面更危險的任務是絕無指望。」

蕭恩的為人舉止顯然可能接近聖人。「他的矛盾反差使他深具魅力。」一位《紐約客》編輯回憶道：「表面上，他似乎極度害羞、極度謙恭，然而他卻有種不可思議的力量。人們與他坐下來談話，會說到淚流滿面。他有一種……奇異的存在感。」蕭恩的作家們認為，他一視同仁的惻隱之心近乎匪夷所思。對他來說，「每個人都與其他人一樣有價值……每個生命都是神聖的」。蘿絲記得，她懷疑蕭恩是否真的相信每個人的生命都有價值。

「即使是希特勒？」她問。

「即使是希特勒。」蕭恩回道。

儘管性情南轅北轍，羅斯和蕭恩卻是完美的編輯團隊，眼光犀利且敏銳。兩人都是毫不掩飾且堅持不懈的完美主義者；兩人都對準確性有著近乎狂熱的要求；兩人年輕時都離開了各自的學校教室，投入新聞編輯室。

第二次世界大戰誘發出他們心中那頭競爭意識強烈的新聞獵犬。羅斯過去始終教導蕭恩：「我們不報導新聞，我們與新聞相當。」然而，一九四一年十二月七日，日本襲擊珍珠港，慣例就此打破。接下來的幾個月、幾年間，《紐約客》將記者派駐至世界各地。該雜誌的誕生與發展路線，本是為了報導「地下酒吧、夜總會和合音女孩的世界」——但打從創辦初期，羅斯其實也渴望雜誌能有莊重嚴肅的一面——戰爭爆發時，他面臨了選擇，他可以努力維持雜誌嬉鬧的調性，只不過玩笑突然間完全與時代脫節（「現在沒有人覺得好笑了。」他向前妻兼《紐約客》共同創辦人珍·葛蘭特〔Jane Grant〕抱怨道）。或者，他可以如蕭恩後來所說的，把握「史上最大的新聞機會」。最後，他們選擇追逐這歷史性的契機。

在戰時模式中，蕭恩成為雜誌的「直覺男」，他將記者派駐到偏遠的地區——其實並不明確知道會取得什麼報導，只知道會有；而羅斯則相當擅長挖得獨家新聞，即使是在記者氾濫、飽受戰火蹂躪的地區。一九四五年，《紐約客》記者珍妮特·佛蘭娜（Janet Flanner）在德國科隆（另一座「被炸彈粉碎」的城市）的廢墟裡，報導了德國人對戰俘施加的暴行。雖然在科隆的戰地記者不只佛蘭娜，但只有她報導了這則明擺在眼前卻遭忽略的新聞，她的一系列報導犀利洞明，效果相當成功，使羅斯不禁在好勝心與自傲的膨脹下陶然如醉。「就算一窩蜂記者都擁有相同的資料與相同的機會，要搶先全球取得獨家未免也太簡單了。」他告訴佛蘭娜。

然而，這份忘我的飄飄然很快就結束了。羅斯憂心，許多重大的戰爭故事根本未被講述，原因可能是新聞的健忘、屢見不鮮的暴行報導導致人心低迷、讀者吸收這類新聞的餘裕有限，或者以上皆是。如此一來，戰爭結束之際可能有「大量真正的暴行故事」會被忽略和遺忘，他告訴佛蘭娜。

「除非《紐約客》有辦法做點什麼。」羅斯說。

在多數情況下，《紐約客》的團隊延續著既有的反叛精神。蕭恩聲稱：「我們刊登自己喜歡的東西，而不在意取悅了誰。」話雖如此，羅斯和蕭恩仍謹遵美國政府制定的戰時新聞規範，有時甚至更上層樓地與軍方合作。他們善盡職責，事先將報導提交給戰爭部進行強制審查——包括赫西的甘迺迪側寫（該文很快便通過，只有幾處需更改）。他們對盟軍士兵和軍方要人進行了正面的側寫介紹，將《紐約客》的「精簡」版本（pony editions，較實際雜誌小的濃縮版）發行至世界各地的美軍部隊。羅斯和蕭恩甚至刊出部分來自戰爭部公關人員的投稿，或許是想藉此保持融洽的關係。對羅斯而言，培養、維繫取得資訊的途徑，無論在哪個層級皆至關重要。

至於赫西，與羅斯和蕭恩共事給了他很多啟發。儘管先前受盡羅斯的折磨，但這些對他而言仍是「非常重要的經驗」，也讓他首度意識到，離開《時代》和魯斯的時候到了。作為編輯，蕭恩被公認能讀懂作家的心。「他擁有某種天賦，能幫我找到我使用得最自然的詞彙。」赫西憶道。

赫西的甘迺迪報導〈歷劫重生〉（*Survival*）刊登於一九四四年六月十七日一期。約瑟夫·甘迺迪毫不掩飾他對於該報導落到《紐約客》發表的失望，他認為這本雜誌的規模太小，且讀者群太小眾——此評價令羅斯憤恨不已，他認為自己的雜誌在戰時與資源雄厚的新聞採寫媒體競爭，雖居劣勢但始終不減鬥志。「我們一直有種感覺，好像自己老是被大人物們踢來踢去，或是代替大人物們被踢來踢去。」羅斯告訴老甘迺迪。當甘迺迪向他施壓，要他將文章讓給發行量更大的雜誌時，他說：「我們現在不打算屈服。」

約瑟夫·甘迺迪對羅斯滔滔不絕地訓斥，最終迫使他同意該文在《讀者文摘》（*Reader's Digest*）轉載——那是一本發行量很大的雜誌，羅斯對其自然少不了惡言批判。老甘迺迪在兒子於一九四六年競選眾議院議員期間，委託印製了十萬份〈歷劫重生〉在麻州的第十一國會選區發送；該文亦在隨後約翰·甘迺迪的競選活動中大量發送，展現其身為戰爭英雄的資歷。赫西的報導被廣泛認為有助於開啟美國第三十五任總統的政治生涯。而〈歷劫重生〉也將赫西帶到了

《紐約客》，它一次開啟了兩位重量級人物的生涯，發揮了關鍵的作用。

人類怎麼了

一九四五年秋末，赫西與蕭恩共進午餐；那可能不是一場太令人嚮往的餐聚，因為「（蕭恩）認為談公事的午餐，就是在阿岡昆飯店（Algonquin Hotel）的玫瑰廳吃穀片配柳橙汁」。阿岡昆飯店長年以來一直是某些《紐約客》最毒舌也最聰明的撰稿人固定聚會的地點。

自甘迺迪的人物專題後，赫西又為羅斯和蕭恩寫了兩篇與軍方合作的報導，一篇是關於軍隊的讀寫計畫，另一篇的報導對象則是剛從歐洲返國又被重新部署至日本執行占領的某支陸軍部隊。他決定該是再次赴海外報導的時候，並計畫進行一趟為期一個月的大型亞洲採訪行。他將從自己出生的國家中國開始，報導當地戰後的狀況，然後試著進入盟軍占領的日本。

午餐時，赫西和蕭恩逐一討論可能的報導想法，然後談到了廣島。《紐約時報》是唯一在長崎轟炸行動中有記者在現場目擊的新聞媒體，它們向廣告商吹噓，自家報紙在報導原子彈和原子時代的開端方面搶先全世界，正如一名《紐約客》作家所說，這件事依然是「世界史上最重大的新聞」。但依赫西與蕭恩之見，報導缺少了某些關鍵的要素，於是他們指出迄今為止的報導令人不安且不完整的部分。

「截至當時，大部分的報導都著墨於原子彈的威力，以及它對城市造成的破壞。」赫西回憶道。雖然報導表面上似乎很全面，但大部分的資訊都與損毀的市容和建築物有關。廣島原爆後已過了好幾個月，探討原子彈對人類受害者帶來何種影響的報導，卻依然付之闕如。數十名經驗老到、野心勃勃的外國記者駐於東京，卻尚未有人跟進最初從廣島發出的那批令人憂心的消息、追蹤當地的後續影響，並進行全面性的重點報導。

著名的《生活》雜誌攝影師阿弗雷德・艾森史塔特（Alfred Eisenstaedt）與J・R・艾爾曼（J. R. Eyerman）當時均赴廣島拍攝，但雜誌發表的照片顯然經過相當程度的「消毒」。（艾森史塔特拍下一張令人心碎的肖像照，現已公開，照片中可見一對日本母子置身於化為焦土的廢墟，但此照從未在《生活》雜誌的全國版刊登。）艾爾曼的跨頁相片集錦確實包含了兩張罕見的日本原爆受害者照，然而他們的傷痛似乎可被忽略，因為其中一張的圖說提醒讀者，他們的燒傷令人想起美國士兵在珍珠港承受的痛苦。艾爾曼其他刊出的照片拍攝了戴遮陽帽、撐陽傘的日本小女孩，另一張則是日本士兵躺臥在看似相對完好的火車站，其中暗示的訊息不外乎為——廣島原爆後的生活並非那般宛如末日浩劫。

此外，原本已相當有限的報導空間仍持續縮減，其他新聞開始將廣島和長崎擠出頭版。美國人每天早上翻開報紙，看到的是美軍返國、歐洲重建、德國紐倫堡戰犯審判的新聞，當然還有美蘇對抗升高的國際情勢的發展。

赫西與蕭恩是否清楚駐東京記者受箝制的程度，這點不得而知，但他們可能有所耳聞。當時的美國新聞界是個緊密的圈子，赫西的許多記者朋友都被派至日本，例如他在《時代》時期結識的艾森史塔特——對方曾在赫西因《阿達諾之鐘》的名聲如日中天時為他拍照。

無論如何，顯而易見的是，美國政府適逢占領之初的混亂時期，而最初的廣島報導披露之後，他們已被迫處於守勢。無論在華府或麥克阿瑟統御的東京，美國官員都立刻加緊力道抑制原爆災後的報導，同時編織對己有利的故事。

就在麥凱瑞記者團的報導與柏契特的〈原子瘟疫〉刊出後，許多美國刊物的編輯——可能也包含羅斯和蕭恩——都收到一封九月十四日的戰爭部機密信函，該信代表了杜魯門總統並要求他們限制刊出的原子彈相關資訊。戰爭部敏銳地表示，此舉並非要延長秋天剛正式廢除的戰時審查制度，只是要求報紙與雜誌編輯將任何涉及核議題的素材提交給戰爭部審核；這是「最高級別的國家安全」問題，以免國家專屬的原子彈資訊流入外邦手中。

約莫同一時間，開始出現了迅速集結的政府記者會攻勢，意在匡正媒體，讓美國人不再受到良心的譴責。甚至早在正式占領日本之前，杜魯門總統的白宮發言人查爾斯・洛斯（Charles Ross）就向戰爭部寄發了一份備忘錄，建議在七月十六日新墨西哥州試爆原址舉行一場媒體活動，藉此向大眾證明該地未受到長期輻射損害，且絕對不需擔心爆炸後殘留的影響。「有鑑於日本持續的宣傳攻勢，這或許是不錯的策略。」他寫道。

九月九日，曼哈頓計畫負責人格羅夫斯將軍與勞伯・歐本海默（J. Robert Oppenheimer）親自帶領約三十名記者參觀新墨西哥州的試爆場。儘管他們向記者保證幾乎沒有任何表面輻射殘留，但記者都穿上了特殊的白色防護鞋套。「以確保地裡仍存在的部分放射性物質不會黏附到鞋底。」其中一名記者敘述道。

「日本聲稱有人民死於輻射。」格羅夫斯將軍告訴記者：「倘若此話屬實，人數也是微乎其微。」

與會的記者聽從了。《紐約時報》記者威廉・勞倫斯（William Laurence）報導道：「日本人仍在繼續他們的宣傳攻勢，藉此製造我們以不公平手段贏得戰爭的印象，試圖博取外界對他們的同情，以及較輕的懲罰條款。」勞倫斯恰巧也在戰爭部的雇員名單上，《紐約時報》的人事記錄如此記載：「他自前年四月便從《紐約時報》外借給原子彈計畫。」同時，勞倫斯在報導中繼續說，他親自踏上的新墨西哥土地無聲地證實輻射致死的「東京傳說」確為子虛烏有；他們的蓋革計數器（Geiger counter）顯示：「表面輻射值已降至極微。」

美國政府和曼哈頓計畫負責人，其實事先並不知道他們製造的實驗性武器的全面攻擊效果，因此急匆匆地在廣島與長崎的「死亡實驗室」進行祕密調查。他們迫切需要知道原爆城市是否真的殘留放射性，以及其對人類的影響為何——這不是因為美國有意協助治療日本的爆炸受害者，而是因為美軍即將要占領那兩座城市。

該年九月那場「什麼也沒看見」的新墨西哥記者會前夕，格羅夫斯將軍才匆忙地派遣他在曼哈頓計畫中的副手托馬斯・法雷爾（Thomas F. Farrell）赴日調查廣島原爆後的災況。九月八日，法雷爾將軍和一組曼哈頓計畫的科學家抵達廣島進行檢查，後被記者形容為「抽查」。（一名美國物理學家目睹了廣島的受創景象，認為在普通人眼中，那像是出動一千架 B-29 轟炸機的結果，美國「不過採用了一種更省力的裝置」。）法雷爾將軍的一名團隊成員回憶，當時法雷爾承受來自華府的極大壓力，格羅夫斯將軍不斷從遠方瘋狂地發來電報轟炸法雷爾，要求報告最新情況。

在廣島，調查團隊得以計算出原子彈引爆的高度。一位曼哈頓計畫的物理學家回憶：「炸彈恰好在我們希望的位置爆炸，就在廣島的高空。」因此，他們的結論是：「城市裡的放射性物質極少，因為大部分的放射性物質已被大氣吸收。」於是，格羅夫斯將軍根據法雷爾團隊的短暫調查，向媒體宣稱實際上只有極少數的日本人死於輻射，且廣島基本上沒有輻射。

「你可以一直在那裡生活。」他說。

回到東京後，法雷爾將軍立刻在帝國飯店（Imperial Hotel）召開自己的記者會，報告他在原爆城市的調查發現。他承認，確實有些日本人因為八月六日的爆炸受到伽馬射線照射，此刻還有人陸續死亡，但廣島的報導被過度誇大。記者會進行得很順利，直到《每日快報》的柏契特現身——他剛結束那篇〈原子瘟疫〉的採訪行程，又髒又累地剛從廣島返回，而且身體不適——他當著滿場記者的面向簡報官提出質疑，說出自己在廣島所見的情況，而對方如此回應：「我在醫院看到的都是爆炸和燒傷患者，這是任何大爆炸後的正常現象。」柏契特進一步質疑，指出爆炸倖存者身上開始出現奇怪的疾病，對方則回應：

「你恐怕被日本宣傳洗腦了。」（赫西的朋友勞倫斯也出席了該場記者會。他稍後為《紐約時報》撰寫的報導中，並未提及這段與柏契特極戲劇化的交鋒，他的文章標題是：「廣島殘垣無放射性。」而報導的大部分內容都將關注焦點從受害民眾身上轉移，重新拉回到實質環境的破壞——他指出，有六萬八千棟建築遭到摧毀。）

初秋記者會後的接下來幾個月，格羅夫斯將軍仍繼續進行自己的公關活動，竭盡全力將他的核子發明重新包裝為一種仁慈的武器。同年十一月，他被國會傳喚作證，要他說明對日投放原子彈的決策及其後續傷害，將軍終於承認輻射造成原爆城市的部分人民死亡，但他也告訴參議院原子能特別委員會（Senate Special Commitee on Atomic Energy），醫生向他保證，輻射中毒「是一種非常愉快的死法」。秋天，格羅夫斯將軍四處訪問曼哈頓計畫的實驗室與建造商，並發表演說。他在其間告訴聽眾，沒有必要對原子彈轟炸感到內疚；他告訴聽眾，他個人並無任何不安。

「那並非不人道的武器。」他對聽眾說：「我對使用它並不感到歉疚。」

對赫西與蕭恩而言，該是深入幕後的時候了。政府招待記者團、記者會、演講、封鎖報導，這些手段發揮了預期的效果——美國各地的抗議聲浪和驚恐情緒，已被壓制到只剩不痛不癢的小聲牢騷。原子彈作為國家軍備合理的主力武器，以及更廣泛而言的核子未來，這樣的想法逐漸被越來越淡漠的大眾所接受。廣島和長崎的遭遇尚未被完整地講述，許多（或許並非大多數）美國人卻已放下了這兩座城市。在《紐約客》的團隊看來，廣島事件的真正意義，以及原子彈轟炸對世界的可怕意涵，顯然未被充分地理解[14]。

赫西與蕭恩決定讓赫西嘗試進入日本，寫下「發生在人類身上，而非建築物之上的事」。他們還不知道確切的切入角度，只知道自己必須去做這件事。倘若東京的記者團不願或無法進行這項報導，《紐約客》願意一搏。因為羅斯的擔憂應驗，他們少了一篇絕對能引發矚目的戰爭暴行報導——該年稍早，羅斯和蕭恩本已準備要刊登一篇這樣的報導。當時《紐約客》記者喬爾・賽爾（Joel Sayre）隨同盟軍進入德國，並計畫從經歷科隆轟炸的當地人民視角，報導科隆發生的大規模殺戮與毀滅。雖然該報導最終沒有完成，但方法取徑可為廣島的調查所用。

時候到了，人們必須了解並揭開這枚以國家、民主與正義之名而引爆的炸彈，其背後的真相。也該是時候為廣島和長崎的傷亡數字，賦予個人的面貌和命運。冷冰冰的統計數據、大同小異的廢墟照片，成為道出真相的阻礙；對日本受害者的去人性化處理，使美國人漸漸無感，並開始對於使用這種武器自鳴得意。

整個第二次世界大戰期間，赫西看見去人性化如何衍生出戰爭中最惡劣的暴行。他親眼目睹對羅馬平民空襲「肆無忌憚的野蠻」，以及納粹在集中營施暴的證據。他自己也曾在戰爭期間將日本人視為如野獸般的敵人，但即使在瓜達康納爾島被日軍砲火攻擊時，他也努力要自己記得，對他開槍的是一個人——他是某個人的兒子，也可能身為人夫，或人父。

「我一直憎恨的是（日本人的）概念。」他在親身經歷不久後寫道。他說，敵人的概念可憎至極。「但我並不恨這個人。他也許是箱根人或北海道人？他的背包裡有什麼食物？入伍剝奪了他哪些暗自的心願？」

這場以轟炸廣島和長崎告終的戰爭，向赫西揭示了「人類的墮落」以及人類徹底貶低同類的能力。他意識到：「假如文明有任何意義，我們就必須承認那

---

14 羅斯與蕭恩將於一九四五年八月三十一日出刊赫西〈廣島〉的該期《紐約客》附上一篇短短的「編輯的話」，其中表示他們之所以刊登該報導，部分原因在於「相信，我們之中其實很少人理解原子彈具有何等不可思議的破壞力，而或許每個人可以花點時間，思索使用這種武器的嚴重意涵」。

些誤入歧途的凶殘敵人也具有人性。」

於是他著手規畫行程。

特洛伊木馬

赫西必須設法偷偷潛入日本，才能進行廣島的調查報導（對此，赫西和《紐約客》團隊大概從來不曾懷疑）。就連柏契特和韋勒也不得不以獲准戰地記者的身分，才能隨盟軍軍隊進入日本。

當然，那批記者得以利用占領初期的混亂，趁勢溜出各自所屬的單位，但即便如此，麥克阿瑟將軍（盟軍最高統帥〔Supreme Commander for the Allied Powers〕；縮寫為「SCAP」也指稱他的占領管理機關——駐日盟軍總司令部）對外國戰地記者的管控十分嚴格，以致於柏契特和韋勒必須想出嚴密複雜的計畫，好擺脫隨行的公關人員。

九月二日，柏契特原定與多數隨軍外國記者團的成員一同登上密蘇里號戰艦採訪日本投降儀式，當他的公關人員來接他前往會場時，他佯裝因腹瀉而動彈不得，被留置「休養」。於是柏契特搭火車到達廣島（這全靠一名支持他的日本同盟通信社編輯和該社駐廣島中間人的協助才得以達成，而他們在一年後已完全受制於駐日盟軍總司令部的掌控），但儘管柏契特成功發出了那篇〈原子瘟疫〉報導，他的相機底片仍遭到沒收，其記者證也遭撤銷。

韋勒則是趁著夜色的掩護溜出部隊基地，甩開他的公關人員。他乘坐小型汽艇逃離基地，換了不只四班火車到長崎，並且全程對遇到的日本人冒充是美國上校。韋勒也成功地取得了報導材料，但當他想將稿子傳回美國時，駐日盟軍總司令部在東京的審查部署已嚴密得滴水不漏。

假如我們說格羅夫斯將軍在美國急匆匆地封鎖廣島的新聞，那麼這些記者則是打從一開始就覺得，麥克阿瑟將軍強力打壓原爆城市的報導、淡化原子彈相關的一切，可能另有個人因素。「（妒恨）這場鏖戰四年的『他的戰爭』，最後的致勝關鍵竟是他事前一無所知的兩枚炸彈，炸彈的投放也未經他的命令。」韋勒說。他認為，麥克阿瑟將軍「決心竭盡所能，將輻射對平民百姓造成傷害的人類重大教訓從歷史中抹去，或至少透過審查盡可能地模糊化」。

幾個月後的此刻，駐日盟軍總司令部幾乎完全掌控了入境日本的權限，任何想進入日本的人，都必須向麥克阿瑟將軍的部隊申請許可。駐日盟軍總司令部也密切追蹤每位獲准入境的記者，其東京新聞辦公室對於記者的行蹤、政治傾向、對占領的態度，或甚至健康狀況皆詳細記錄[15]。麥克阿瑟將軍幾乎每天都會收到目前記者團動態的簡報，包括涉及太平洋戰區的報導摘要，無論立場是贊同或批判。此外，還有每月彙整的出版刊物摘要，包括赫西的前東家時代公司在內。記者獲准進入日本後，在日本各地活動也需經過准許，且只能分配到極有限的外出採訪時間。

占領部隊已駐紮在日本各地。前一年秋天，約有二萬七千名占領軍進入長崎，進駐廣島的約有四萬名。廣島部隊多數駐紮在位於市郊的營地，但長崎卻有很多部隊在市區設營，甚至駐紮在爆炸點附近的建築裡。

這些都預示著赫西的報導之路恐怕不會太輕鬆，不過他和《紐約客》的編輯至少有一絲希望——駐日盟軍總司令部此時顯然准許部分記者前往廣島和長崎，《生活》雜誌的專題報導便是證明。至少赫西有機會進入廣島，前提是駐日盟軍總司令部同意他入境日本。麥克阿瑟將軍看某些記者不順眼，也憎惡某些刊物——將軍認為《紐約先驅論壇報》（*New York Herald Tribune*）、《芝加哥太陽報》（*Chicago Sun*）和《舊金山紀事報》（*San Francisco Chronicle*）體現了「徹底的誆騙與不誠實」。

大致上，赫西的戰時記錄使他成為可望通過的人選，而且，從《紐約客》

的角度看來，他是完美的「特洛伊木馬」記者。戰爭期間，赫西始終謹守規則，他的作品很大程度地創造出一名盡忠職守、愛國記者的表象。（相較之下，韋勒多年來一直與麥克阿瑟將軍的公關人員針鋒相對，並猛烈抨擊將軍的「審查鐵幕」政策。）此外，赫西是榮獲表揚的戰爭英雄，也曾為軍隊的普通兵士寫下熱烈讚揚的側寫報導。更不用說他的第二本書《巴丹半島的男人》，對麥克阿瑟將軍本人有著相當正面的描寫，同時也是在密切徵詢戰爭部並獲得批准的情況下所寫的[16]。（赫西後來希望能讓《巴丹半島的男人》絕版，稱其對麥克阿瑟將軍的描寫「過於奉承」，但這本書肯定會成為赫西進入將軍統帥的太平洋王國

15 美國國家檔案署（NARA）殘存的東京駐日盟軍總司令部公關官報告中，包含了大量詳述記者活動的追蹤記錄，光是一九四六年四月到六月，現存的東京駐日盟軍總司令部文件就包括〈新聞、演講、出版品、影片報告〉（一九四六年五月一日）、〈演講、新聞、影片報告〉（一九四六年五月十五日）、〈演講、出版品、影片報告〉（一九四六年五月三十日）等報告。值得注意的是，有一份一九四六年五月的報告標題為〈時代—生活國際版在日本之活動〉——所有關於廣島的報導都必須提交審核獲得「出版許可」。一名資深的NARA檔案管理人員估計，大約只有百分之一到三的檔案記錄真正被保留下來。

16 赫西與克諾夫出版社簽下《巴丹半島的男人》一書合約時，出版社在一九四二年三月十二日的定期通訊以此消息為焦點，並告知讀者「赫西先生在戰爭部的許可與協助之下寫作本書」。

的重要優勢。）

赫西在莫斯科擔任《時代》記者的過去，可能會引發對其政治忠誠的質疑，讓駐日盟軍總司令部官員亮起所謂的紅旗警示。而另一個可能的癥結點在於赫西的第三本書《阿達諾之鐘》，書中含蓄地描繪美國將軍喬治・派頓（George S. Patton）的精神紊亂、破壞傾向與狂妄自大，這顯示如果赫西認為美國未符合其聲稱的理念，他並不怯於抨擊國家，此外他也願意展現美國終究並非毫無道德缺陷。（派頓將軍已成為「殘忍而專制的軍官」。「他在西西里島喪失了理智。」赫西後來表示：「在我看來，那正是我們在戰爭時所對抗的。」）

然而，整體而言，赫西的機會似乎頗為看好。一九四六年聖誕節前夕，赫西搭乘運輸艦橫渡太平洋，抵達上海。十二月三十日，他給蕭恩發了電報表示，他已成功取得駐中美特種技術合作所（U. S. Naval Group China）的採訪核准。這是令人振奮的跡象，「特洛伊木馬」已行抵大門。

第三章　麥克阿瑟的封閉王國

比基尼

赫西對於報導廣島固然抱持著崇高的目標，然而在戰爭期間，他對日本人亦懷有個人的偏見。他在一篇為《生活》撰寫的戰時報導中表示日本人是「禽獸對手」，在另一篇文章寫道他們「身體發育不良」，還有另一篇報導則配上了一張他的照片，他在照片中戴著從死去日本士兵身上取下的頭盔網罩。在其著作《走入死亡幽谷》中，他詳述自己在瓜達康納爾島報導時遭遇了慘烈血戰的苦難，並稱呼在島上四散的日軍為「一群聰明的小禽獸」。

他當然不是唯一一位如此看待日本人的美國記者。美聯社記者羅素・布萊恩斯（Russell Brines）前一年八月隨麥克阿瑟將軍的部隊抵達日本，之後續留當地擔任美聯社東京分社的主任，而他在剛抵日本時便擔憂「也許日本人不是人類」，可能使他們在被占領的情況下具有無法預測的危險性。（格羅夫斯將軍在評估廣島人對放射性的反應時，也曾私下好奇「日本人的基因是否與其他民族有所不同」，導致廣島居民異常容易因原子彈的殘留影響而染病。）

赫西日後坦承，他對於自己在戰時的報導和寫作中描繪日本人的方式感到羞愧。他說：「我像其他美國人一樣，因為珍珠港和巴丹半島的恥辱而反應激烈。」一九三七年，他在看到南京大屠殺的記述和照片時，被日本放縱無度的暴行嚇壞了；一九三九年，赫西赴中國為《時代》報導當地的戰況。「我親眼目睹了日本人占領我出生城市的傲慢與殘暴。」他回憶道。當時，中國正遭到日軍無情的轟炸，而在赫西看來，日本人除了不分青紅皂白地盡可能濫殺中國人，根本別無戰略。他走訪當時首都重慶的期間，日軍的空襲「引發無法控制的大火，每次襲擊都有數千人慘遭燒死」，最終有數百萬名中國人死於戰爭。

一九四六年，赫西又回到中國。他在接下來的幾個月內以上海為行動基地，赴多座城市和地區採訪，足跡遍及北平（北京）至滿洲。他向《紐約客》的編輯發了一系列的文章，報導戰爭甫結束的中國現況，以及中國政府與中國共產黨之間爆發的內戰。他亦向蕭恩提議赴南京報導，這可能會如他即將在廣島進行的原爆後報導一樣，投下震撼人心的重擊。南京的構想並未實現，但無論如何，蕭恩發現赫西在中國的報導極為出色，因此他發了電報給赫西：「你的表現令人刮目相看。」

三月底，赫西一度擔心他的廣島報導會面臨危機。第一陸海軍聯合特遣艦隊（Joint Army-Navy Task Force Number One）正在計畫進一步的原子彈試爆，這回選址在馬紹爾群島的比基尼環礁（Bikini Atoll），並邀請媒體前往旁觀見證。試爆行動宣稱其目的在於研究核武器對海軍戰艦的影響，實驗包括在多種類型的目標船隻上空引爆一枚原子彈，並於九十呎深的海底引爆另一枚。部分與會記者私下得出結論，試爆應另有個中原由：「我們獨占了核彈技術，（並且）不太介意展示這武器的能耐。」一名記者回憶道。他指出，當時世界各國的代表——包括來自美國新近敵手蘇聯的媒體——皆應邀出席。

赫西從上海發電報給蕭恩，擔心試爆恐不利於規畫的報導。特遣艦隊與《紐約客》等多家媒體接洽，希望各家派遣一名記者赴比基尼採訪，並且由政府提供交通。然而，蕭恩冷靜地拒絕了提議，並指示赫西按計畫前往廣島。

蕭恩告訴赫西：「時間過得越久，我們就越確信（那篇）報導深具潛力。至今甚至都還沒人去碰。」

說起來，比基尼試爆最終反而使得赫西的廣島採訪更為迫切。第一枚炸彈成功地在由九十多艘船所組成的目標艦隊上空爆炸，擊沉了五艘船；數十名記者和攝影師在一艘戰爭部的船上觀察試爆，有人「苦悶地打趣著比基尼核彈對現場來訪人士的生殖器可能產生何種影響」。記者群在十四哩外觀看試爆，臉上戴著焊接護目鏡，有些人認為爆炸根本是一大失落。《週六文學評論》（*Saturday Review of Literature*）的記者諾曼・卡森斯（Norman Cousins）在船上，他的一名記者同僚轉向他，似乎對大場面無動於衷。

「我只是在想，下一場戰爭起碼不會太糟。」他說。另一名記者嘲諷地說道：「炸彈的爆炸聲……就像從吧檯的另一端傳來一聲小心翼翼的嗝。」另一名則表示毫無毛骨悚然、血液凝結之感。

國際新聞社（International News Services）的克拉克·李（Clark Lee）回憶，船上的新聞記者「記錄下被欺騙的怨憤」，他說：「他們撰寫的報導低估了原子彈的效果……導致許多民眾認為，廣島和長崎原爆的報導被過分誇大了。」

《紐約時報》的資深科技記者——暱稱「原子比爾」的威廉·勞倫斯（William "Atomic Bill" Laurence）是少數洞察比基尼試爆真正意義的記者，他在一九四五年春天獲格羅夫斯將軍徵召，擔任祕密進行的曼哈頓計畫的官方記錄者。（赫西那位參加麥凱瑞記者團的朋友比爾·勞倫斯，則被賦予「非原子比爾」的綽號，用以區分這兩位《紐約時報》記者。）「原子比爾」（有記者形容他是個「皮膚黝黑的矮個子……有著塌鼻和一頭濃密的亂髮」。）稱職地充當格羅夫斯將軍的宣傳員，他從《紐約時報》借調至政府並為其效力的期間，撰寫了戰爭部宣布對日投放原子彈的官方聲明稿。前一年秋天，「原子比爾」告訴《紐約時報》的讀者，日本人持續在報導中誇大原子彈的輻射影響，他寫道，他們的報導不過是「敵軍正展開的宣傳」。

不同於比基尼記者團的許多成員，「原子比爾」察覺比基尼試爆展現了美國迅速成長的核子實力，那些核武器變得更危險了。他在一篇近乎危言聳聽（尤其考慮到他是格羅夫斯的超級哈巴狗「原子比爾」）的《紐約時報》文章裡報導，第二枚在比基尼引爆的炸彈，實際上是「地球有史以來最巨大的爆炸」，這次爆炸威力可能相當於至少五萬噸TNT火藥，約是摧毀廣島的原子彈威力的兩倍半。他表示，這次試爆確實殘留輻射——試爆在環礁周圍的潟湖中留下了「翻騰的放射性水團」，而爆炸激起的水霧將放射性潑灑到周圍的所有船隻上。

然而，許多美國人對試爆結果感到不知所措，甚至失望，就像在比基尼現場的部分記者一樣。隨後的民意調查顯示，百分之五十三的美國人宣稱試爆造成的破壞性比預期的小。他們認為，這只是進一步地證明，最初對日本原子彈爆炸的歇斯底里並無根據。

病榻上的靈光

赫西決心要在五月的第二週前進入日本，他向東京駐日盟軍總司令部提出入境的申請。儘管日本仍處於嚴格封鎖的狀態，但赫西在中國的期間至少出現了一個有利的發展——在一九四六年四月，美國已將大部分的軍隊人員撤出廣島，這可望使他在實地採訪的行動調配變得稍微容易一些。然而，當地仍駐有美國憲兵，所以如果他希望在廣島完成報導的任務，他必須聰明且謹慎地進行。

四月底，赫西在前往滿洲進行私人採訪時染上流感。他人在一艘美國坦克登陸艇（Landing Ships, Tank，簡稱LST）上，當時共有六艘美軍登陸艦「順道」協助國民黨新六軍新編第二十二師，從上海運往華北進行剿共作戰，此行動由美軍負責統籌。赫西患病後，被移至一艘驅逐艦，返回上海。

赫西患上流感的時機實在太巧，他在船上休養時，船員從船上圖書室為他帶來了幾本書，其中包括桑頓・懷爾德（Thornton Wilder）的《聖路易之橋》（*The Bridge of San Luis Rey*）。這本一九二七年出版的書詳述了五個人的生命——在祕魯一座橫跨峽谷的繩索吊橋斷掉時，這五人剛好都在上面，並且全數喪生。懷爾德追溯了事故發生前的蛛絲馬跡，以及五位主角的人生如何不約而同地走向悲劇的那一刻。

赫西在他的床位上讀得如痴如醉，他發覺該寫法可以很有效果地處理廣島的主題。在紐約時，赫西和蕭恩一致同意，他的目標是從受害者的視角講述故事，而懷爾德的小說恰好為赫西示範了一種格外深刻且犀利的手法——不但講述一個「極其複雜的故事」，還能說得扣人心弦。一旦進入廣島，赫西將試著找出幾位受害者，在他們邁向那個「共同的災難時刻」之際，彼此的足跡也相互交會。

這是一種聰明且具顛覆性的寫作手法。記者太常訴諸宏大浮誇、偽聖經式的語言來描述原子彈的威力，關於這部分，《紐約時報》的「原子比爾」尤其惡名昭彰——他形容比基尼試爆的一枚蕈狀雲如「地球年輕時」所形成的一塊大陸，然後變異成「一棵巨大的樹，繁茂的枝葉下結了許多看不見的果實——α粒子、β射線、中子——這些果實無法用肉眼看見，卻能致人於死，這是知識之樹的果實，是人類必須冒風險吃下的果實」。此類描述使得原子彈及其後果在讀者眼中顯得更為抽象，就連「原子比爾」自己也承認，他和其他人未能有效地描述出原子彈的巨大與重要性。

他認為：「人類的頭腦根本不習慣思考這樣的尺度。」

該是時候要有人「以人類思維能理解的方式」來描述原子彈了。赫西在讀完《聖路易之橋》後領悟到著墨具體的細節——而非訴諸雄渾的語彙——反而更能清楚地傳達重點、撼動人心。並非每個人都能理解原子彈的作用與原理，也並非每個人都能想像一場全面爆發、宛如末日的世界核戰。但如果描寫幾位普通人——可能是母親、父親、小學生、醫生或職員——在災難來襲前忙碌且日常的場景，這樣的故事便幾乎每個人都能理解。赫西將帶讀者回到一九四五年八月六日那個陽光明媚的夏日早晨，帶讀者進入受害者的廚房、踏上他們的通勤電車、進入他們的辦公室，然後揭示降臨在他們身上的遭遇。

「我希望讀者能站在人物的角度，對於他們經歷的痛苦與災難稍微感同身受。」他於日後說道。

這只是尺度的問題。赫西將上帝的視角拉低，以貼近人類的目光。

占領者

五月十三日，赫西接獲來自東京駐日盟軍總司令部新聞辦公室的電報：

不反對約翰・赫西以記者身分入境。

他獲准入境。赫西從上海新聞辦公室電訊蕭恩，他現在只需等待軍用運輸工具帶他進入日本。一週後，赫西收到另一則軍方的電報，通知「特此邀請並批准搭乘第一批可用運輸」由上海前往東京。

五月二十二日，赫西登上美國軍機離開上海。他的飛機飛越太平洋並降落關島，他從關島轉搭海軍飛機前往東京。就在一年多前，他的朋友「非原子比爾」乘坐B-29轟炸機繞行東京，報導美軍出動三百五十架飛機執行的燃燒彈轟炸行動——日本的探照燈掃過天際，灼亮的光束穿透籠罩首都上空的濃煙，同機組員向底下的城市投放燒夷彈——「前方飛機投下的燃燒彈逐漸接近地面，彷彿數百萬隻螢火蟲。」他回憶道。幾秒鐘內，東京大片的土地便燃起熊熊烈火，火勢蔓延至裕仁天皇的皇宮建物。

一年後，火焰早已熄滅，然而舉目仍是一望無際的屠殺焦土。赫西前一次到東京是一九四〇年，他代表《生活》雜誌對戰前美國駐日大使約瑟夫・格魯（Joseph Grew）進行人物專訪；當時的東京是一座生機勃勃的大都市，傳統日式木造建築櫛比鱗次，恰好成為盟軍燃燒彈的引火柴。

「東京街頭的小販唱著叫賣他們的商品。」赫西報導道：「日本爵士樂是西方編排與東方泛音的奇妙結合，每家店都大聲播放著音樂，門外清晰可聞。」

昔日那些店鋪恐怕多數都已燒毀，而東京的街道依然一片狼藉。這座城市一如記者喬治・韋勒所形容，仍像是「一只塞滿樓房菸蒂的菸灰缸」。扭曲的鋼骨結構自地面凸出，有些地方則只剩裂開的地基，標示著建築物曾經矗立的位置。倖存的日本人棲居於一片帆布帳篷連成的汪洋之中，廢墟上頭立起簡陋的鐵皮屋……到處瀰漫著炭火、煎魚和便溺的氣味。

盟軍的占領正如火如荼地進行，鄰近的軍港橫濱亦是占領軍的登陸點，如今已成為滿是半圓拱鐵皮棚屋和軍事設施的駐軍地。橫濱與東京之間的道路嚴重堵塞，路上的軍用卡車、吉普車，與日本的手推車、自行車和牛車並肩行駛。美軍（他們自稱「占領者」）在東京進駐前日本帝國陸軍的軍營或在戰火中逃過一劫的市區辦公處，東京的街道「來來去去盡是一成不變的卡其色和橄欖色（制服）」。美聯社的記者布萊恩斯回憶道：「空氣中充滿了緊張、短暫的張力。」

在東京，麥克阿瑟將軍將總部設在宛若堡壘般的第一生命保險公司（Daiichi Life Insurance Company）大樓，就位在日本天皇依然居住的皇宮的正對面。這可不是太委婉的宣示。布萊恩斯回憶，最高統帥本人住在美國大使館附近，由美國士兵守衛，「還有很多日本警察，他們似乎睡在樹上」。占領軍的一名美國醫生回憶他看見麥克阿瑟的車隊蜿蜒穿過城市的場面，宛如目睹現代的凱撒，而他亦觀察到，日本人民已充分臣服。

「我身高五呎十吋（約一七八公分），走在街上完全能睥睨四周的日本人，他們走起路來好像縮著身體似的。」該名醫生評論道：「據說日本民族性格很驕傲，但他們現在的行為舉止就像卑微的生物。」

赫西身長超過六呎（約一八三公分），在戰後的日本尤其引人矚目。（一名日本醫生表示，他是「我在各地見過最高的男人之一」。）假如他打算一抵日本就保持低調，那麼這計畫完全泡湯了——他的存在立刻引人矚目，甚至登上了當地的媒體。《日本時報》報導稱，「美國一大傑出文人」抵達東京，還賦予了他一長串的稱讚，說他「高挺、帥氣、相貌年輕且謙虛有禮」。

至於他的訪問目的，《日本時報》指出：「在中國進行數週的採訪任務之後，這位普立茲獎獲獎作家兼記者，顯然只是在回美國的途中順道拜訪東京。」

切入關鍵乍現

五個月前（即一九四六年一月），一位名叫賀伯特・蘇薩（Herbert Sussan）的中尉接獲了一項艱鉅的任務。在戰爭期間，他一直駐於加州卡弗市（Culver

City），為美國陸軍航空兵團第一影視組（U. S. Army Air Corps' First Motion Picture Unit）製作宣傳影片與廣播內容。戰爭結束後，他被重新發派到東京，並發現自己加入了由丹尼爾・麥高文（Daniel A. McGovern）中校率領的一小組美軍影片製作團隊，任務是要為美國政府記錄下對二十多座日本城市轟炸的成效，包括廣島與長崎在內。團隊進入長崎之時，蘇薩中尉震驚不已。

「我們知道長崎損傷慘重，但事前沒有人為我們做心理準備。」他回憶道。「我簡直無法相信一枚炸彈、一枚小小的炸彈竟有如此威力。那些偌大的工廠……彷彿有一隻巨大的手從天而降，將它們全部掃開。」

廣島的景象更令他不忍卒睹，因為那裡的河流與橋梁讓他想起了自己的家鄉紐約市。他的團隊用了九萬呎彩色膠捲拍下原爆城市的原始影像，其中不乏令人痛苦的畫面，像是嚴重燒傷、奄奄一息的爆炸倖存者影像。

五月下旬，蘇薩中尉在拍攝中收到麥高文中校的訊息，指示他找交通工具返回東京開會。蘇薩中尉盡責地趕上會議，會議地點在去年秋天由外國記者創立的新東京特派記者協會。記者群在終於被麥克阿瑟將軍的軍隊從橫濱的「媒體貧民窟」釋放後，已經設法返回東京，開始報導占領現狀。駐日盟軍總司令部官員占據了剩餘飯店、樓房的所有房間，於是記者團找到了一棟破舊但尚可棲居的五層紅磚建築，租下作為自己的總部。房子骯髒不堪，窗戶也破了，位置在狹窄的小巷裡，周圍全是沒有屋頂、廢棄的辦公樓，但它這棟紅磚建築卻成為幾乎所有派駐東京的西方記者的家[17]。如果房間擠滿了，記者可以睡在紙屏風後搖搖欲墜的「舞廳」裡。有次，一位極富創業精神的記者在大廳開了一間小槍械鋪，日後，他不是在管理這個攤位，就是在現場的骰子桌。如果記者協會如同某位記者所說，是「臨時妓院、效率低下的賭場和黑市中心」，那麼它也是記者與駐日盟軍總司令部官員攀關係的聚會場所，他們在此心照不宣地洩漏祕辛，交換內幕消息。

五月底，蘇薩中尉到記者協會與麥高文中校碰面的那天，中校介紹他與赫西認識。「（他是）來自紐約的作家，想寫些廣島的題材。」麥高文中校對蘇薩中尉說。

他們三人一起坐下來吃午餐。蘇薩中尉記得，他和麥高文中校在席間告訴了赫西他們在原爆城市的所見所聞。團隊拍攝的廣島畫面已送回華府，並在往後數十年都將列為機密。美國戰略轟炸調查團（U. S. Strategic Bombing Survey）的負責人告訴蘇薩中尉，影片將「嚴格僅限政府使用」。（在麥高文中校看來，美國政府「不希望資料外流，因為他們為自己的罪行感到抱歉」。）然而，蘇薩中尉很希望能將他們所見到和拍攝的景象，以文字的方式傳播開來。

「假如人們能看到這場災難、這場大屠殺，那將是世界上有史以來最重量級的和平主張與論據。」蘇薩中尉後來表示：「故事的全貌必須被講述出來……我記得當時想著：『不可以讓這種武器存在於地球上，而人類也生活在地球上。』」

在個人的堅持之下，他拍攝了大量原爆受害者的鏡頭，而不僅僅是環境毀壞的畫面，藉以記錄原子彈對人類的全面影響。

拍攝團隊給了赫西一些廣島的聯繫人，他們還告訴他，有一群廣島的神父目睹了爆炸並倖存下來，目前依然住在這座被夷為平地的城市裡。

赫西先前讀過一位名叫約翰尼斯・西姆斯（Johannes Siemes）的駐日德國耶穌會神父所撰寫的報告（爆炸當天他人在廣島外郊），他為一本名為《耶穌會傳

---

17 赫西赴廣島前短暫停留東京的期間是否住在記者協會，尚無資料證實；記者協會歷史研究者查爾斯・波莫洛表示，記者協會（目前依然存在，但已遷址）的檔案管理者無法找到赫西住宿的記錄，但赫西毫無疑問肯定造訪過，且很有可能曾經住宿。

18 耶魯拜內克圖書館收藏的赫西檔案中，包含了一本一九四六年二月十一日期《時代》雜誌的太平洋地區精簡版，其中刊有西姆斯神父的證言。檔案中還有一份較長版本的西姆斯神父證詞，來自美國戰略轟炸調查團機密檔案，被列為赫西進行〈廣島〉計畫的主要研究資料。

道誌》（*Jesuit Missions*）的刊物撰寫了一篇目擊的敘述。一九四六年二月，《時代》雜誌在分送給整個太平洋戰區美軍部隊的精簡版雜誌[18]刊登了該文的翻譯精簡版，而赫西亦取得了較長版的見證內容。

在這版本中，西姆斯神父鉅細靡遺地敘述早上八點十五分「小男孩」在廣島上空爆炸的情景——「整座山谷瞬間充滿刺眼的強光……玻璃碎片飛濺到我身上」，以及隨後的恐怖場面。西姆斯神父徒步穿過燃燒的城市，試圖營救他的神父夥伴，最後他找到了兩名同事，兩人的傷勢都極為嚴重。（西姆斯神父寫道，傳教團的日籍祕書其實也存活下來，但後來卻發了狂，衝進持續吞噬市中心的地獄烈焰並葬身火海，顯然是自殺。）兩名受傷的神父至市內的淺野公園避難，繼而被西姆斯神父尋獲，然而若不是一名日本新教牧師（他們的「拯救天使」）乘船出現，幫助他們撤離現場，兩人恐怕也難逃死劫。

雖然沒有明確的證據顯示，麥高文中校和蘇薩中尉與西姆斯神父描述的幾位特定倖存者有所交集，但至少赫西知道有這群目擊者仍然存活著，並且身在廣島。赫西隱隱覺得，這幾位神父也許是帶領他切入報導的關鍵。

軍隊控制糧食

從東京特派記者協會，只需步行即可到達駐日盟軍總司令部的媒體公關辦公室。辦公室設在前東京廣播電臺大樓，鄰近麥克阿瑟將軍位於第一保險公司大樓的總部。這棟六層樓建築的外牆依然覆蓋著戰時的墨黑色掩護漆，根據一名美國記者語帶厭惡地回憶道，大樓內部不論是廳室或是走廊都飄著魚腥味。二樓設置了寬闊的新聞編輯室，內有辦公室與辦公桌，提供駐日盟軍總司令部批准的新聞機構記者使用。赫西得知，他可以從東京廣播電臺大樓將通訊及文稿發回自己的雜誌總部——這不過是一種儀式性的行為，因為麥克阿瑟將軍的公關官隨時睜大眼睛監視著，保護麥克阿瑟和占領體制免受批評是他們的職責。因此，蕭恩要求赫西回美國再著手撰寫報導。

接下來，赫西必須向駐日盟軍總司令部的總部申請前往日本南部的許可。儘管駐日盟軍總司令部當初「不反對」赫西入境日本，但他若要試探該占領機構並設法進入廣島，就得保持收斂的態度。美聯社東京分社主任布萊恩斯指出，軍隊「嚴密掌控所有在它之下的人」。軍隊管轄下的每個人——無論是美國人或日本人——連生活的最瑣碎之處都受到規範：「該吃多少食物、用多少汽油、抽多少根菸……都有指示。」

但凡駐日盟軍總司令部公關官看不順眼某篇報導，便可能將該名記者的記者證撤銷或驅逐出境，不過他們也持續以更明目張膽的手段逼媒體就範。麥克阿瑟將軍的首席公關官萊格蘭德．迪勒（LeGrande A. Diller）准將——記者稱之為「殺手」——他在前一年秋天一場裕仁天皇與麥克阿瑟將軍的會面時，便下令對企圖採訪的記者刺刀相向，並全面封鎖關於該事件的報導。被問及這麼做的動機時，迪勒將軍回答：「不妨說是一時興起。」之後，他告訴記者團，他只會「越來越強硬」，同時他也告誡他們，他多的是讓他們乖乖聽話的方法。

「別忘了軍隊控制這裡的糧食。」迪勒對他們說。

招惹到公關人員和麥克阿瑟將軍的記者也可能突然發現，他們無法取得汽油開車。此外，駐日盟軍總司令部的公關官會致電給在美國的編輯，向他們投訴記者並要求派人替換。

「殺手」迪勒最終被佛萊恩．貝克（Frayne Baker）准將取代，而後者的敵意亦不遑多讓。貝克將軍告訴駐東京記者，他們可能因發布機密資料而依軍律條款（Articles of War）送交軍事法庭審判，因為美國與日本嚴格來說仍處於交戰狀態。（當時他告訴記者，駐日盟軍總司令部官員可以隨自己高興將任何資訊列為機密。）

即使赫西擁有戰爭英雄的資歷，也不能免於嚴密的審查，況且駐日盟軍總司令部並非唯一監控他的美國政府單位。駐東京的聯邦調查局官員獲悉赫西抵日，便將消息轉達華府的聯邦調查局局長，要求總局向東京辦公室提供更多他的情報——這到底是標準程序，抑或是赫西的駐莫斯科背景觸發了通報機制，則不得而知。

此外，儘管占領當局允許部分記者及攝影師前往廣島和長崎，原爆城市仍是受管制的話題[19]，這點使得赫西的任務更為複雜。根據駐日盟軍總司令部發布的媒體準則，日本人幾乎不得在詩歌期刊提及轟炸事件，遑論主流出版物、電臺廣播或科學期刊。以各種身分被派至原爆城市的日本記者、攝影師和電影拍攝者，所取得的素材通常會遭沒收，或者自己將資料無限期地藏匿起來，以免被取走或銷毀。

赫西絕不得輕舉妄動，否則可能重蹈柏契特和韋勒的覆轍，面臨被打壓或

---

19 利夫頓與米契爾在書中寫道：「原子彈在日本幾乎是禁止話題。在一九四五至一九四八年間，只有四本關於原子彈的書籍和一本詩集在日本出版。」

封鎖的危險——或甚至更糟。

昨日舊聞

對於駐日盟軍總司令部與華府的美國官員而言，值得慶幸的是，赫西到東京時幾乎沒有記者意圖針對廣島進行有意義的報導；或許大多數人只是太過懼怕，不敢正面挑戰總司令部的種種限制、阻礙與威脅。然而，正如戰時的媒體將種族主義的宣傳內化一樣，許多記者與編輯在轟炸後的這幾個月內，似乎也或多或少地接受了政府的說詞，即原爆後果遭到過度誇大與炒作。

駐日盟軍總司令部正在核准特定記者再次進入廣島與長崎採訪，在春天刊出的報導中，他們描述日本居民似乎已恢復接近正常的生活；稍早二月，有另一批官方記者團被帶至廣島，為了向記者展示廣島從轟炸中恢復的速度。《紐約時報》東京分社主任林賽・帕洛特（Lindesay Parrott）在自家報紙寫道，廢墟之上漸漸築起了房屋，也耕植出園圃，如今來訪者必須「在勘察爆炸殘骸時提醒自己，廣島是最初遭到原子彈攻擊的地方」。他又說，居民出乎意料地鬱悶不樂——除了刻意向記者展示傷口的人以外。

「他們對於受到格外的關注似乎感到頗為自豪。」帕洛特表示。他繼續寫道，一切炸彈相關的損傷都在癒合中。

訊息十分明確——緊急情況已經結束，這裡沒什麼可看的了。廣島和長崎成了昨日舊聞。曾經造訪廣島的電臺記者約瑟夫・朱利安（Joseph Julian）向上級表示，希望製作一系列的廣島廣播專題，但隨即便遭到勸阻。「沒有人想再聽到廣島的事。」他告訴朱利安：「都是舊聞了。」

正如採訪比基尼試爆的記者團一樣，駐日占領記者團也對一切司空見慣且感到疲乏，並開始將注意力轉向新的題材。日本已成為有無限獨家新聞可能性之地，越來越少記者對上次戰爭的災後報導感興趣。赫西抵達東京時，他的許多同僚正忙著報導戰時日本首相東條英機將軍，以及其他被告的戰爭罪審判。此外還有另一起受到監控的大事件——日本共產主義日益興起的威脅，以及培養日本作為對抗蘇聯之潛在盟友的計畫。冷戰言論持續升溫，英國前首相邱吉爾發表了那篇著名的宣言，稱蘇聯豎立一道橫跨歐洲的「鐵幕」。（「沒有人知道蘇俄和它的共產主義國際組織接下來的意圖與活動方向，以及他們領土和意識形態的擴張傾向的止境在哪裡，如果還有止境的話。」他表示，並指出莫斯科如今主張擁有哪些國家領土的權利。）

日本正迅速從敵國轉變為美國對抗蘇聯的東部戰區據點。（「那些日本老將在下一場戰爭變成我們的盟友。」一名美國情報官告訴赫西：「我願意打賭。」）

赫西向駐日盟軍總司令部的總部（QHQ）申請前往廣島的通行許可時，可能有些人感到不解，地位崇高如他的記者，為什麼會要求前往已然成為舊聞的現場。然而，當局認為記者團此時安分守己又有其他目標，加上新聞一直受到成功地控制……這些皆可能對赫西有利。抵達東京僅兩天（即五月二十四日），他便收到駐日盟軍總司令部通知，他已「獲准受邀乘坐火車」前往廣島縣。

赫西立即發電報給蕭恩，告訴他自己將前進廣島。總司令部只給他十四天實地採訪的時間，因此他一抵達，就得加快動作。

第四章　六位倖存者

殺戮場，遊樂場

一九四六年，從東京到廣島縣四百二十哩的火車路程，依然是一種塞在擁擠車廂裡將近二十四小時的折磨。一名占領者談到，東京的中央車站總是「人群摩肩擦踵」，並且「空氣中瀰漫著濃重的體臭」。他語帶輕蔑地補充：「日本佬的車廂擠得水洩不通，各式各樣的氣味交雜，充斥著整個車站。」

廣島火車站的站體本身已所剩無幾，不過，由於它稍微位於城市的外緣，到站的旅客無法一眼即見到廣島被摧毀夷平的中心。據旁觀者說，有時乘火車行經廣島不下車的占領者，在東張西望一番後，還會抱怨「原子彈的破壞不夠看」。

儘管如此，只有最憤世嫉俗的災後遊客，才會對廣島車站的景象完全不屑一顧。爆炸近一年後，月臺周圍仍滿是舊屋和樓房的碎片，破碎的木板、屋瓦、斷裂的金屬塊……成了一片波濤起伏的廢墟之海，從車站月臺周圍蔓延數哩；泛黑、被斬斷的光禿樹木和燒焦的電線杆自地面突兀地豎立。

赫西抵達廣島時，氣溫正節節攀升。夏天的「廢墟熱得不得了」，一位原爆倖存者回憶道，廣島幾乎沒幾片屋頂或牆壁可以遮蔭。大約同一時間來到廣島的另一名記者也回憶道，空氣中瀰漫著一股「說不出的奇怪味道」。

赫西第一次目睹這座城市時大受衝擊。他實在無法理解「怎會有一種工具，能在一瞬間造成如此巨大的破壞」。他在東京所見到的燃燒彈肆虐後的景象，還未必能讓他如此膽顫心驚——「我在歐洲與其他地方見過類似的破壞。」他後來說道——無論如何，東京的重創到底是上百架飛機發動一波波攻擊的結果。然而廣島，自他抵達的那一刻起就把他嚇壞了。僅僅一枚炸彈就造成如此程度的殺傷力，這個事實在整段採訪期間揮之不去地折磨著他。

一直以來赫西都很清楚這其中的諷刺性，正如他曾說：「一本專長輕鬆文字與諷刺漫畫的幽默雜誌，突然間投入如此嚴重的議題。」如今他置身於現場，凝視著滿目瘡痍的慘況，原爆後的廣島不再是一個恐怖的抽象概念，也不再是一個即將於《紐約客》頁面揭露的「被掩蓋的故事」。在赫西眼前的是綿延不絕的悲劇，是真切的證據，證明人類幾世紀以來孜孜不懈地創造能有效大量剷除異己的手段，而如今終於發明出毀滅整個文明的方法。赫西擔心自己終究無法承擔此任務的重量，決定一鼓作氣地盡快完成。

過去十個月，廣島一直在努力重建，但重建的材料相當匱乏。許多倖存者試圖在昔日家園的廢墟之上建造小屋。一位記者回憶道：「一大片雜亂不堪的殘磚破瓦中……擠著密密麻麻的住所，醜陋至極。」大多數的臨時房舍都是用廢墟打撈出來的材料東拼西湊而成的鐵皮屋，倒塌、燒毀的舊屋殘骸上釘了臨時告示，詳述已撤離倖存者的下落，或前任住戶亡故的噩耗。

居民試圖清整土地、建造新屋，並且在過程中持續發現屍體和斷肢。六月時（大約赫西在當地的時候），僅一個區的聯合清整行動，就挖出了一千具屍體。

這座城市的倖存人口正陷入飢餓。美國占領者運送了大批玉米、麵粉、奶粉和巧克力進入日本，但一位記者在當時的日記中寫道：「外部（到廣島）的補給時有時無。這裡的人民感覺被遺忘了。」這座城被「小男孩」摧毀後，又有一場颱風和洪水席捲，使得原本捱過轟炸的作物也毀了。部分居民試著在自家鐵皮屋旁的廢墟闢出小小的園子種菜，原爆城市再次生出的植物，雜草、青草與花朵以所向披靡之勢穿透瓦礫。赫西帶著明顯的反感觀察到，某些植物根系不僅未受炸彈摧毀、仍存活於地面下，顯然還因此「刺激了生長」[20]。他指出，那些發現這塊土地相當適於生長的植物中，包括大黍（panic grass）和小白菊（feverfew），兩者的名字取得再恰當不過（譯註：植物的英文名稱包含了「恐慌」與「發燒」等含意）。

要在這座城市通行仍然是困難重重。一九四五年八月六日上午八點十四分，市中心的路面電車上擠滿了晨間通勤者，但到了上午八點十六分，市中心的路面電車已成了扭曲的殘骸，裡面堆滿數十具焦黑的屍體。如今有些電車已經修復，並且重回部分清理乾淨的街道行駛；有幾位居民騎著自行車，其車子輪胎由各種回收材料隨機拼湊而成；馬匹拉的靈車仍持續將屍體運送出廣島紅十字會醫院，赫西指出，儘管醫院的內部條件處於緊急狀態，但其外觀已設法立起一面新的磚牆。（一位來訪的美國醫生形容醫院的條件「極度糟糕」，說他「寧願早點死去也不想在病房裡腐爛」。）雖然格羅夫斯將軍與他的團隊宣布廣島安全無虞，但根據報導，仍有數平方哩的區域因為可能存在放射性，而以繩索圍起封鎖。

一座鋼塔的殘骸依然矗立在廣島的原爆點，一塊英文標示寫著：「爆炸中心點。」

---

20 赫西在筆記中記錄了四位京都大學植物學家進行的廣島原爆後植物研究，該研究詳述倖存的植物種類，赫西注意到其中的小白菊和黍草。這項研究還證實部分植物的生長復甦現象顯示「明顯的輻射助長效果」，並表示原子彈對某些物種有「刺激萌芽的作用」。赫西將此說法納入〈廣島〉。

該位址對日本人而言是某種莊嚴的紀念地，卻有絡繹不絕的占領者前往參觀拍照。地方規畫會議[21]一直考慮興建一座「國際友好」紀念碑，但此刻，原爆點或多或少就像是來訪部隊眼中的主題樂園。有些人看見廢墟俯拾即是的「爆炸紀念品」便樂不可支，即便可能殘留放射性的恐懼也未能讓收藏家卻步。一位參觀者回憶道：「寶藏區有數百英畝大，大量的古玩、家庭珍藏與碎石瓦礫混在一起。」他找到幾個破掉的瓷杯，打算用來當作菸灰缸。（他表示，其他人的收穫更豐，他只是「業餘的拾獲者」。）他說，雖然那裡已經被人相當程度地挑過了，但仍有很多物品可供選擇；他相信將那些東西帶回美國銷售「可以小賺一筆」。

占領軍還有其他方法能將殺戮場變成遊樂場，他們甚至完全搬演了字面的意思——六個月前，駐紮長崎的海軍陸戰隊從爆炸廢墟清出一塊地，弄了一個足球場並在那裡舉辦新年元旦的「原子盃」，有海軍陸戰隊樂隊助陣，而球門柱則以回收廢木材充當，還徵召了日本女生擔任啦啦隊。「我們認為那完全適當。」一名球員多年後回憶說：「那會是很棒的宣傳。」

天堂的模樣

廣島的住宿選擇很有限，但赫西在宇品的美國憲兵宿舍覓得暫棲處。宇品市位於廣島港附近，距離爆炸中心約三哩，相較於更接近原爆點的地區，其受到的破壞較輕，因此占領軍可在該地使用完好無損的建築物。第二次世界大戰及之前的戰事期間，日本便是從該港口將士兵派往全亞洲的戰區。

這不是赫西第一次與美軍同住、同行動，又一邊為可能具負面效應的報導進行調查。戰爭的大部分期間，他的身分都是附屬於各軍事單位的隨軍戰地記者，但他並未因為這樣的安排，就不去檢視他所報導的任務和人員，更未因此放棄於隨後完成的作品中提出批判性的評價，他在《阿達諾之鐘》裡對派頓將軍的嚴厲描繪即為一證。無論如何，與駐紮廣島的美國官員保持融洽對赫西有

---

21 美國軍官約翰・蒙哥馬利中尉（John D. Montgomery）建議舉行地方規畫會議，包括考慮創設國際友好研究所（Institute of International Amity）；赫西曾在廣島時訪問過他，並在〈廣島〉中寫到他與這項工作，蒙哥馬利的名字亦出現在赫西手寫的日本聯絡人名單中。〈廣島〉發表後，蒙哥馬利中尉寫信給赫西談論報導，並憶起他們在廣島時的某個「濕冷」的夜晚一起討論地方規畫計畫。他告訴赫西，〈廣島〉可能是最重要的戰爭寫作。

利，事實證明，那些軍官可以在取得吉普車和汽油等必需品方面提供至關重要的幫助。赫西的邀請通行令中指示，他必須自負「生計」，以及假如他打算在廣島用餐，為他提供餐食的更可能是美國人而非日本人。赫西立即著手調查他的主角，首先是他在西姆斯神父的證言中曾讀過，也聽聞麥高文中校與蘇薩中校說過的耶穌會神父。要找到廣島在地的天主教徒並不困難，神父是少數負擔得起建築材料的廣島居民，並且已經開始重建他們的小園地；他們清除了舊教會區的殘骸，並在原地搭建臨時棚屋，該教會用地堆著預定用於興建傳道會所的木材，讓其他沒那麼幸運的廣島居民心生羨慕。

赫西對於雨果・拉薩爾（Hugo Lassalle）主任神父已很熟悉，這位德國神父經歷的苦難可見於《時代》雜誌太平洋區精簡版刊載的西姆斯神父證詞；廣島被轟炸時，拉薩爾神父在廣島幟町的耶穌會中央傳道會院（Central Mission and Parish House）。此刻，他與其他回來重建教堂的神父同住一間單室小屋，這間棚屋以鍍鋅鐵皮和木板搭成，目前是臨時教堂、接待室兼神父居所。晚上，他們在榻榻米席地而眠，屋前的一塊三夾板則充作臨時祭壇；拉薩爾神父與他的同事靠米飯和日本白蘿蔔果腹。

拉薩爾神父的扁塌白髮與突出大耳使他顯得和藹可親，即使置身於廢墟之間，他也散發著堅定且樂觀的精神。一九二九年來日本之前，他在英國修習哲學與神學，因此會說英語。赫西找到他，詢問是否能對他訪談取材，拉薩爾神父同意了。

拉薩爾神父娓娓道來。八月六日，原子彈的灼亮閃光劃過城市天際時，他正站在二樓房間的窗前。他飛快地逃離窗邊，窗戶瞬間迸裂，無數玻璃碎片刺進他的背部、扎進他的左腿，傷口湧出汩汩鮮血。

「我命休矣。」拉薩爾神父回憶當時腦中的念頭：「就快見到天堂究竟是什麼模樣了。」

然而，拉薩爾神父的生命並未結束。教會區距離原爆點僅一千四百碼，而教士宿舍的結構竟奇蹟似地屹立不搖；先前有位擔心地震的葛洛柏修士（Brother Gropper）曾強化過建築結構。教會的其他人也都安然存活，不過大多數人都被碎玻璃刺傷，或遭飛竄的碎裂家具擊中。拉薩爾神父並未窺見天堂的模樣，反而旋即發現，他與同事們直接被領入了人間地獄。

教會區的其他建築全數倒塌，包括靠前方的天主教幼兒園。孩子們在瓦礫堆下厲聲尖叫，拉薩爾神父和其他神父趕緊衝過去挖，其中一位神父的頭部嚴重受傷且還在噴血，但他們依舊用盡全力將孩子們解救而出。

緊鄰的社區開始有飽受驚嚇、渾身是血的倖存者走到街上，路面到處散落著崩塌房舍的殘骸、掉落的帶電電線、燒毀的電線杆以及屍體。神父盡可能為人們提供援助，直到洶湧火海朝教會襲來，他們才不得不離開。神父逃離熊熊烈火時，聽見鄰居和教民的聲音，受困坍塌屋底的他們在痛苦中尖叫、呼救。他們無從救援，不得不「任其自生自滅」——待大火將整個地區吞噬時，他們全被活活燒死、葬身火海。

墜入地獄

拉薩爾神父將赫西介紹給那天在一起的另一位德國神父——三十九歲的威廉·克萊因佐格（Wilhelm Kleinsorge）神父，他也會說英語，並同意接受採訪。爆炸過後，克萊因佐格神父病得很重。其實「小男孩」爆炸時，他只受到極輕微的傷，但不知何故，小傷口並未癒合。他持續發燒、噁心、腹瀉，且白血球數目也急速下降。他回憶道：「爆炸後約兩週，我變得非常疲倦，最後站不起來。」他前往東京的一間醫院，院方告訴他，他的情況非常糟糕，而且「骨髓因原子彈的輻射受損」。他返回廣島，此後便頻繁地進出醫院。

「小男孩」爆炸那刻，克萊因佐格神父失去了意識，然而他記得爆炸前後的一切細節，清楚得教人椎心刺骨。他告訴赫西，原子彈爆炸時，他在教士宿舍三樓的房間裡，僅著內衣，正在閱讀《時代之聲》（*Stimmen der Zeit*）雜誌。突然間，他看到一道灼亮的閃光，然後便眼前一黑。等他清醒過來，他發現自己在外面的教會菜園裡跌跌撞撞地亂走。黑煙遮蔽了頭頂的天空，周圍的建築物都倒塌了。其他神父從屋子裡逃出來，休伯特・希佛（Hubert Schiffer）神父的頭部受傷，血流如注，旁人都擔心他會失血過多而死。

火勢迅速逼近。倘若神父們在屋裡再待久一點，「來勢洶洶的火焰會吞噬所有通道」，讓他們無法逃脫。他們正要離開時，看到教區祕書深井先生佇立在二樓的窗邊哭泣。

赫西先前從西姆斯神父的證言中大致得知深井先生悲傷的故事，而現在克萊因佐格神父補足了細節。他告訴赫西，他親自奔回屋裡去找深井先生，深井先生歇斯底里地拒絕離開屋子，他告訴克萊因佐格神父，他無法忍受國家遭此大難，而自己卻苟活下來。克萊因佐格神父不得不將深井先生以仰躺姿勢拖到屋外，再強行帶走。然而，在神父們繞過火海與斷垣殘壁並穿越街道之際，深井先生成功地掙脫，回頭朝烈焰奔去。此後，再也沒有人看到他，或聽說他的消息。

克萊因佐格神父與其他精疲力盡的神父到淺野公園避難，那是一處位於河畔的私有土地。幾小時前，淺野公園還是一座精緻的日式花園，此刻卻上演著無法言喻的恐怖場景——數百名其他倖存者也到達公園，地面上躺滿了死者和垂死的人，有些人嚴重燒傷到臉孔血肉模糊，彷彿被抹髒的畫。爆炸引發的強風颳過整座城市，公園附近出現一股猛烈的旋風，開始將行進路徑中殘存的樹木拔起，拋到空中旋轉。然後它移動到河面上，捲起百公尺高的水柱，一邊遠離，一邊將驚恐的難民掃入水中。

西姆斯神父的初學院與市區有一哩多的距離，他們聽說市中心的神父正在淺野公園避難，便帶著臨時擔架前來尋人。然而城裡等待著他們的景象，讓西姆斯神父一行人驚駭不已。

「舉目所及，到處是一片灰燼和廢墟。」西姆斯神父說：「河岸滿是死傷者，上漲的河水一點一點地淹過部分的遺體。」倖存者拖著自己的身軀，躲進燒毀的汽車和電車底下，藉此抵擋火勢。「傷得面目全非的形體向我們招手，然後倒下。」廣島寬闊的主街道上到處散落著「裸體、燒焦的屍體」。

還有更可怕的經歷等待著克萊因佐格神父，他在其他神父被抬至安全處之後，仍留在淺野公園。他在離開花園尋找淡水時，不得不跨過數十具潰爛、起膿皰且脫皮的人體，最後在附近找到一個可用的水龍頭。他在將水運回公園時遇到一大群日軍，他們全都拚命地想喝水；他們的眼窩裡的眼睛都熔掉了，液體如小溪般流淌過他們被燒得面目全非的臉龐。

克萊因佐格神父最終與其他神父一起來到了西姆斯神父的初學院，會院接收了五十名難民，但幾乎沒有補給可用以治療他們的傷口，或提供他們食物。日子一天天地過去，克萊因佐格神父開始發高燒，並被送往東京的國際天主教醫院。他的醫生告訴神父，他可望在二週內回家，但在醫生步入走廊時，克萊因佐格神父無意間聽見他對別人說，他預計神父恐怕活不了。

「所有的爆炸受害者都死了。」他告訴醫院的修女院長：「他們可以撐個幾星期，但終究會死。」

救命天使

赫西與克萊因佐格神父交談時，顯然贏得了神父的信任與信心，因為神父不僅同意將赫西介紹給其他爆炸倖存者（或稱為「被爆者」〔hibakusha〕），且還主動願意擔任他的翻譯。

赫西在西姆斯神父的證詞中讀到一位未具名的日本新教牧師，他被視為「救命天使」，曾幫助受傷的天主教神父從淺野公園撤離。克萊因佐格神父告訴赫西，這位男士是廣島衛理公會牧師——谷本清牧師。

赫西繼續受到命運的眷顧，因為三十六歲的谷本牧師也會說英語，他曾赴美國進修，並在日本襲擊珍珠港的前一年，畢業於喬治亞州亞特蘭大市的艾默里大學坎德勒神學院（Candler School of Theology at Emory University）。克萊因佐格神父主動提議要帶赫西去見他。

如同耶穌會的神父，谷本牧師也回到廢墟生活，並決心重建自己的教堂——教堂與他的住家在爆炸當天雙雙倒塌、燒毀。他目前在廣島的牛田區（廣島北部受損較輕的郊區）租一間漏水的房子，與妻子知紗、他們的小女兒紘子同住。房子正面牆上釘了一塊手製標牌：

日本基督教團廣島流川教會臨時會堂暨牧師住宅。

迎接赫西和克萊因佐格神父的是谷本知紗，她告訴兩人，谷本牧師不在家，他外出想辦法取得重建教堂的建材，並為城市的倖存居民主持禮拜。赫西留下自己的名片。

那晚，谷本牧師回到家時已精疲力盡。和克萊因佐格神父一樣，他從八月起就病痛纏身，在原子彈爆炸幾週後，他也開始出現高燒、盜汗、腹瀉和全身虛弱等症狀。

「我感染了原子病。」他在前一年秋天的日記中寫道。

谷本牧師的租處附近有一間醫生的辦公室，醫生為牧師注射維生素，但對於減輕痛苦似乎無濟於事。谷本牧師的家人擔心他時日不多，他們身邊的許多爆炸倖存者，在歷經落髮、吐血、皮膚出現可怕紅黑色斑點後都痛苦地死去了。幸運的是，谷本牧師堅持了下來，但不幸的是，他的痛苦症狀也不願離開。

那天晚上，知紗將赫西的名片遞給谷本牧師。「天主教會的克萊因佐格神父，帶來了這張名片上的男士。」她告訴丈夫。谷本牧師檢視了一番。赫西的名字旁邊潦草地寫著「生活」和「紐約客」。谷本牧師熟悉這兩本刊物。知紗向他說明，赫西希望採訪牧師在爆炸當天的經歷，翌日會再登門拜訪。

「我完全不知道他是位聲譽鵲起的美國傑出作家，對他的來訪並不特別感興趣。」谷本牧師日後回憶道：「當時，我其實見過好幾位美國記者，也曾向他們提供我的原爆經歷，但此後再也沒收到聯絡，因此，我對會見新聞記者興趣缺缺。」

儘管如此，赫西的名片還是讓谷本牧師再次考慮。他尊敬《生活》和《紐約客》，或許這位記者會有所不同。畢竟，赫西都費盡千辛萬苦地找到他了，回應他的善意是基本的禮數，谷本牧師如此推論。

由於他隔日必須再次外出，所以他決定寫一封信給赫西，概述他前一年八月經受的磨難。儘管精疲力竭，谷本牧師仍在床上坐到凌晨三點，用英文寫了一封長達十頁的信，詳細描述他在原子彈投下那天目睹的可怕場景。同時，谷本牧師也斗膽試探，如果赫西有興趣，他可以親自帶赫西前往他描述的地方。翌日清晨，他將信帶給克萊因佐格神父，裡面附有一張手繪的城市地圖，標示了其中的一些位置。

克萊因佐格神父安排兩人在耶穌會神父的臨時總部會面。六月一日星期六的上午九點，赫西抵達現場採訪谷本牧師。赫西身穿軍隊公發的戰地記者制服，但谷本牧師覺得他「不像軍人，頗有文人的風範」。

谷本牧師記得赫西說：「我讀了你的信，我覺得很感人。」赫西說明，他不想從科學的角度講述廣島原爆的故事，而是「從人的觀點」。

谷本牧師開始訴說。他表示：「（赫西）很專心聆聽，並且表現出相當的同情，因此我能敞開心胸去談。」

廣島的卡戎

一九四五年八月六日，牧師在凌晨五點起床；經過又一夜的空襲警報，他已精疲力盡。他為自己泡了黃豆米糠粉當早餐，這座城已經很久沒有充足的食物了。幾星期以來，廣島幾乎每晚都響起空襲警報，城市的居民困惑著，為什麼他們至今沒有像日本其他重創的主要工業城一樣，遭受猛烈的轟炸攻擊，但近來他們開始聽到「奇怪的傳聞，說敵軍對這座城有特別的安排」，西姆斯神父表示。城裡設置了一道道防火巷，以防美軍的 B-29 轟炸機發動燃燒彈空襲，就像徹底摧毀東京的那幾次空襲一樣。

由於害怕可能發生空襲，知紗與小嬰兒紘子一直待在遠離市中心的朋友家過夜。谷本牧師也開始搬運自己教堂裡的珍貴物品，送到兩哩外一名富有製造商的避暑別墅裡保管，他已經運了一堆鐘錶、聖經、教會記錄和祭壇器物過去，甚至連教堂的鋼琴與風琴都搬了。八月六日早上，他的手推車載著一個沉重的櫃子，他和一位朋友一起將這件家具拖到離市中心兩哩遠的地方，爬上山，朝別墅前進。

早上八點十五分，谷本牧師站在避暑別墅的門廊前，他看到「暗棕色的雲層中劃出一道銳利的閃光……空氣中颳起強勁的暴風」。他驚恐地摔倒在兩塊岩石之間，碎裂的木片和玻璃如雨點般落到身上。有一座泥造倉庫擋在他和爆炸地之間。他抬起頭時，發現避暑別墅已經倒塌，周圍的房屋都已著火。

他和朋友都毫髮無傷。谷本牧師爬上附近的一座小丘，看著底下的城市陷入一片火海，烏黑的煙塵在市中心的上空激烈盤旋。一列驚魂未定、渾身是血的倖存者，開始搖搖晃晃地走出城市，沿著山坡路上去。

「大多數人都赤身裸體。」谷本牧師回憶道：「他們的臉部、雙手、手臂和乳房的皮膚正在剝落，或一片片地垂掛著……看起來就像鬼魂行進的隊伍。」

谷本牧師擔憂他的小家庭與教民的安危，因此連忙跑向市區。沿途的房舍皆嚴重損毀，但仍有殘餘的部分屹立著。然而，在走到離市中心不到一公里的地方時，建築物「全部崩塌在地，彷彿只是被榔頭砸碎的玩具房子」。他聽見粉碎的瓦礫下傳來痛苦的哭喊：『幫幫我！救救我！』他跑向自己如今已夷為平地的社區幟町，但凶猛的火勢已經擋住了大部分的入口。數百具屍體和垂死之人躺在街上，全都即將被火焰吞噬。谷本牧師偶然發現一堆墊子，他將墊子放進水缸浸溼，然後在墊子的掩護之下，縱身衝進火海，並漸漸在熊熊烈火中完全迷失了方向。他終於設法進入他的社區時，迎接他的卻是一股突如其來的旋風。「熾熱的鐵皮和燃燒的木板在空中盤旋。」他日後回憶道。旋風將牧師捲起到離地面七、八呎高，彷彿他在空中游泳，又陡然將他摔落在地，讓他上氣不接下氣。突然間，他聽到附近傳來一連串爆炸的巨響——汽油罐爆炸了。

令人稱奇的是，谷本牧師在一排步履蹣跚、正從市中心撤離的難民中發現了知紗。她懷裡抱著也倖存下來的紘子：「（知紗）上衣沾滿了血跡……頭髮披散在肩上，面如死灰。」那天早上，她帶著孩子回到牧師宅。炸彈爆炸時，她抱著紘子站在前門，正與另一名教會成員說話。房子立刻當頭倒塌，她們被埋在一大堆沉重的木頭和瓦礫之下。

知紗遭到木頭重擊，失去知覺，但懷裡仍緊抱著紘子，而嬰兒的哭啼聲終於喚回了她的意識。「為了救她的孩子，她拚盡全力地掙扎。」谷本牧師說。她的手臂被重壓在身體兩側，但她設法掙脫了一隻，並徒手在瓦礫中挖出一個洞。沒過多久，洞口剛好大到足以將紘子推出去，而知紗最後也奇蹟般地將自己成功拖了出去；火勢正漸漸逼近，所幸她們及時逃出。她們逃往天主教神父也前去避難的淺野公園方向，並在途中遇到谷本牧師。

公園裡的景象令牧師大為震驚。他在難民群中發現隔壁鄰居，是位叫做蒲井太太的年輕女性。谷本牧師自己的孩子活了下來，但是蒲井太太懷裡緊抓不放的卻是她死去的女兒。她們的家崩塌了，而女嬰在困在瓦礫堆中時，因塵土窒息而死；接下來好幾天，她都不願交出孩子的遺體，即使炎熱的夏天已讓屍首開始腐爛。

谷本牧師決定要將更多難民帶到河對面的淺野公園。他看見有艘小船擱淺在岸邊的石頭上，卻發現裡面塞滿了五具屍體，他只好一邊將屍體拖出，一邊向每個人道歉和禱告。他開始像卡戎（Charon）將亡靈擺度過冥河那般，以長竿撐船，把重傷的生還者載至對岸。有次，他試著將一名男子拉上船，卻驚恐萬分地目睹「他手上的皮膚像手套一般滑落」。

「我已經麻木了。」他表示：「我慢慢地將（河中的）死者的遺體撥開，讓船推進。」

在公園裡，谷本牧師遇見了克萊因佐格神父和其他天主教神父，他們同在幟町地區。他們躲在幾棵灌木叢下避難，除了克萊因佐格神父以外，他在為倖存者分送水。西姆斯神父和其他初學院神父到達時，谷本牧師划船幫他們將受傷的神父送到上游某處，而他們的同事再用擔架將受傷的神父抬到安全的地方。夜幕降臨，在黑暗中很難不踩到或絆到遍地的死者。河水漲潮，沖走了更多的屍體，水邊原本一息尚存卻虛弱得無法動彈的人，也因而溺斃。

將近午夜，谷本牧師在公園躺下稍作歇息。他附近躺了一名嚴重燒傷的年輕女學生，那天她和同學一起被徵調去協助拆除房屋，以清出防火巷的空間。她很痛苦，身體止不住地顫抖。

「媽媽，好冷。」她嗚咽著說：「媽媽，我好冷。」

谷本牧師表示，沒有人知道那天擊中他們的究竟是什麼，他們也對原子彈一無所知——但有少數例外。廣島紅十字會醫院副院長重藤文夫醫師用相機拍下受創殘破的景象，然後衝進醫院的暗房沖底片。他驚訝地發現，底片已經曝光——這跡象暗示著武器的性質非比尋常。

赫西與谷本牧師談了大約三小時後，他們走到附近的街區，來到谷本牧師的舊教堂遺址——該地仍是一片廢墟，顯然他在籌措重建資源方面的運氣遠不如天主教徒。赫西帶了相機，他問谷本牧師可否拍照。但願他的運氣比柏契特好，能順利將底片帶出日本——柏契特那篇〈原子瘟疫〉報導在《每日快報》披露後，他在廣島拍攝的底片就不翼而飛，該事件疑點重重。

谷本牧師與克萊因佐格神父一樣，也同意為赫西進一步地引介其他廣島的原爆倖存者——儘管幾小時前，赫西對谷本牧師而言還是位陌生人，甚至這位陌生記者的母國才剛摧毀了他的城市，並且擊敗與占領了他的國家。但谷本牧師卻有種奇特的感覺，彷彿與他交談的是「一位闊別多年的熟人」。

一萬名患者

接下來幾天，克萊因佐格神父與谷本牧師聯繫了各自所知的倖存者，詢問他們是否願意跟赫西聊聊。日復一日，赫西聆聽著倖存者的故事，將他們的經歷與所見融會內化，並且全程做筆記[22]——他可能使用了速記[23]，他在短暫擔任作家辛克萊・路易斯（Sinclair Lewis）的助手期間習得了速記的技巧。但其他人記得，赫西只是聽他們訴說證言，並將內容記住。

赫西似乎沒能記清楚他最後總共與多少人談過話，據他後來估計，訪談的倖存者人數約在二十五到五十人之間，而每個人的故事都體現了獨一無二的恐怖。赫西遵循《聖路易之橋》示範的方式，在「小男孩」摧毀他們的城市與人生的那一天，所有人物的足跡都必須有所交會。於是，最終名單漸漸成形——

除了克萊因佐格神父和谷本牧師之外，赫西最後選擇了兩位日本醫生、一位年輕的日本女職員和一位育有三名幼子的日本寡婦。

中村初代太太與耶穌會神父和谷本牧師一樣都住在幟町，她的先生是位裁縫，在被日軍徵召入伍後，於一九四二年命喪新加坡。此後，中村太太便用亡夫的縫紉機接針線活，養育他們三個年幼的孩子。原子彈落下的那天，她的孩子們（一個兒子、兩個女兒）分別是十歲、八歲和五歲，最小的女兒美也子就在耶穌會教會的天主教幼兒園就讀。

中村太太經介紹認識赫西時，她也回到了幟町生活。她過了好幾年窮苦的

---

22 赫西後來告訴採訪者大衛，他確實在訪談倖存者的過程中做筆記，但未錄音。（「他進行採訪的時候，卡帶錄音機尚未發明，任何種類的錄音設備也尚未成為調查記者的標準裝備，因此他必須記錄並整理大量的手寫筆記……」赫西先前在採訪任務中都使用小筆記本，在瓜達康納爾島時，他則將筆記本塞在保險套中以免弄濕。然而，一九四六年五、六月的廣島採訪筆記並未見於耶魯大學拜內克圖書館的文件，拜內克圖書館典藏的是他寫作文章時參考的其他研究資料。

23 赫西日後回憶道：「路易斯給我一個月學速記，他建議學格雷格速記法（Gregg）或速寫，打字也要從盯著鍵盤一個按鍵、一個按鍵地敲，進步到不需要看鍵盤。」據說使用格雷格法，一分鐘可用手記下二百二十五個字。

日子，但直到轟炸後，她才明白何謂真正的貧困。她住的單房小屋沒有隔間，地板是泥土，牆壁的破洞得拿紙和紙板堵住，食物寥寥無幾，用的盤子和餐具都是從瓦礫堆裡撿回來的——就是占領者喜孜孜地掠奪紀念品的那些廢墟。她清掉一塊地上的殘磚碎瓦，在小屋附近闢出一片菜園。與克萊因佐格神父和谷本牧師一樣，中村太太也染上谷本牧師口中的「原子病」，她飽受病情所苦，不僅掉光了頭髮，還因為腹瀉和嘔吐而幾乎消瘦得不成人形。

中村太太的屋子實在太小，赫西登門採訪時，差點容不下他的身軀。「他坐在地上……雙腳搭在前面，感覺他的腳塞滿了整個房間。」她後來說道。

她描述爆炸當天的情況時，赫西的態度親切且友善，讓她很放心。爆炸的那一刻，她告訴他，她正在廚房煮飯，並且正好看向窗外。她的三個孩子還在隔壁房的床墊上睡著，雖然半夜的空襲警報是虛驚一場，但疏散讓孩子們累壞了。炸彈爆炸時，她整個人彈射到隔壁房，磚瓦木材迎頭砸下。

她的三個孩子被埋在瓦礫堆裡，中村太太發狂似地把他們挖出來，所幸孩子們只是受了驚嚇，沒有受傷。中村一家設法走到街上，眼前卻是瞬間被烏雲蔽日的天空、毀壞的房屋、四處竄燒的大火……嚇得他們不知所措。他們穿過一片混亂，趕往淺野公園，途中看到美也子的幼兒園倒塌，也瞥見克萊因佐格神父神父在教會區外神色震驚且身上血跡斑斑。

他們全家人一到公園就開始嘔吐，他們喝了河水又吐，無法控制地不停嘔吐。中村家是第一批抵達的避難者，死亡場景在他們面前迅速地上演——血肉模糊的爆炸倖存者排隊湧進公園，然後大批死去，而恐怖的旋風緊接著前來肆虐。

河上一度有艘日本海軍的小艇航行經過，並透過廣播表示，有一艘海軍醫療船正在前來的途中。中村太太感到片刻安慰，因為這表示不久後就會有醫生為她的孩子們治療。然而醫療船始終未曾出現，廣島大部分的醫護人員非死即受重傷；全市三百名醫生中，有二百七十人死於爆炸或受傷，而一千七百八十名護士中，也有一千六百五十四人喪生或受傷。生還的醫生大多傷勢嚴重，部分燒毀的廣島遞信醫院有位醫生，儘管在爆炸瞬間被一百五十多塊碎片割傷，仍照料著無數的病患。

數千名民眾湧向少數依然矗立的醫療院所，並且普遍出現腹瀉與嘔吐症狀，這一點令倖存的醫護人員感到疑惑不解。其中有一位猜想，炸彈或許釋放了毒氣或某些致命的微生物，因而將眼下的狀況錯誤認定成大量的桿菌性痢疾病例。無論如何，人數嚴重不足的醫護人員很快便無法提供任何治療，而繃帶、藥物、乾淨的水等醫療物資也迅速用罄。

透過克萊因佐格神父和谷本牧師的引介，赫西見到廣島紅十字會醫院唯一一位在爆炸中毫髮無傷、倖存的醫生。年輕的佐佐木輝文醫師隸屬外科，爆炸時他在現場，並且親眼目擊爆炸立即造成的具體影響。關於炸彈的效應，佐佐木醫師的醫學觀察對於赫西而言至關重要，而且報導中的醫學術語都必須正確無誤。為此，赫西在三位日籍翻譯[24]的協助下，詢問會說多種語言的佐佐木醫師；他們也用德語交談，克萊因佐格神父從旁協助——甚至也用中文，因為佐佐木醫師曾在中國受訓——當然還有英文。

二十多歲的佐佐木醫師告訴赫西，他看到閃光時正走在醫院的主要走廊上，天花板瞬間崩塌，病床噴飛，牆上鮮血四濺，地板上滿是碎玻璃以及死去的病患與醫療人員的屍體。佐佐木醫師的眼鏡被震飛，他從一名受傷護士的臉上取下一副眼鏡，接著立即將他所能找到的所有未破損也未被掩埋的物資收集起來，著手為受傷的醫院人員和病患包紮。

爆炸倖存者開始從外面湧入，很快便擠滿了病房、走廊、樓梯間、正門臺階和洗手間，還有數以百計的人或站或躺地圍在大樓外邊。最終共有一萬名傷患聚集到紅十字會醫院，院內的六百張病床全滿，但現場只有一位沒受傷的醫生。廣島遞信醫院的一位醫生記得類似的畫面，說人們「像雪崩似地淹沒醫院，有如壽司的米飯，塞進每處角落與縫隙……清理病房和走廊的尿液、糞便和嘔吐物根本不可能」。醫院前門的臺階因排泄物變得滑溜不堪，過不了多久，也開始飄出屍體腐爛的臭味，因為根本沒有人有空清理。醫院迅速地被數百具屍體包圍。

佐佐木醫師連續工作了近七十二小時，終於有另一位醫生和十二位護士從別的城市趕來，儘管如此，照顧如此大量患者的任務仍使醫療團隊不勝負荷。第三天結束時，已有許多佐佐木醫師先前治療的患者死去。

未現身的醫生

並非所有赫西描寫的倖存者，在爆炸當天都能同樣無私地付出。赫西還被

---

24 這三位日籍翻譯的身分不明，但另有消息來源指出，當時廣島有不少英語使用者：「廣島有很多日本人在美國待過。」一位美國醫生說，他在赫西結束日本行後不久就在廣島居住，並在工作上遇到許多在美國受教育和在美國出生的「二世」，即二代日裔美國人。

引介給另一位廣島醫生，這位醫生覺得自己在爆炸中的傷勢過重，因而無法幫垂死的民眾治療。藤井正和醫師是廣島一間小型私人醫院的所有人，醫院僅有單一醫生看診，而他同時也是克萊因佐格神父等天主教神父的鄰居，在轟炸前幾天，他才給了神父們一個急救箱。

爆炸後，藤井醫師在廣島郊區開設了一間新的私人醫院。赫西見到他時，藤井醫師的新執業處外頭掛了一塊牌子，寫著：

藤井醫學博士
一般內科與性病

赫西指出，標牌以英文書寫，因為藤井醫師希望招來美國占領者的生意。他的小型私人醫院在爆炸中被毀，但爆炸後，藤井醫生可以治療的病危患者遠超過以往診所的患者人數，因此能迅速重振事業。

赫西來找藤井醫師談話時，醫生起初不明白赫西是記者；最近幾個月，有許多美國人來到廣島採訪爆炸倖存者。「有些是醫生，有些是美國或日本政府的調查員。」他後來表示：「我以為赫西先生就是其中一個。」赫西給了他的名片，但醫生沒有認出上面列出的出版品是美國雜誌。

在克萊因佐格神父的幫助下，醫生與赫西談了三個小時。藤井醫師頓時對赫西產生欽佩之情。

「他在這裡跟我說話時，我端詳他，對自己說：『這個年輕人就是像偉大的林肯總統那樣的美國人。』」藤井醫師回憶道：「他甚至與我在歷史書中看到的林肯照片很像……而且他非常體貼與富有同情心。」

一九四五年八月六日上午，藤井醫師和克萊因佐格神父一樣，穿著內衣在讀報——不過藤井醫師是在自家醫院的門廊看報紙，醫院懸建於廣島七條河流的其中一條之上。原子彈爆炸時，他被拋入水中，坍塌的醫院殘骸往身上壓。然而，藤井醫師並未溺水，而是掛在兩塊長木板之間——赫西描述「就像被一雙巨大筷子夾起的食物」——頭部恰好高出水面。漲潮時恐被淹沒的可能性，似乎突然為藤井醫師注入力量，因此儘管鎖骨斷了，肋骨也可能骨折，他還是想辦法掙脫。醫院的兩位護士也像蜘蛛網中的蒼蠅一樣掛在木板上，在河岸上其他倖存者的協助之下，藤井醫師成功為護士脫困。而醫院的其他人員、病患以及與他同住的侄女，則全都葬身醫院。

不遠處受傷的天主教神父渾身是血、茫然地走出教會，他們試圖在逃往淺野公園之前先去藤井醫師的醫院（中間僅距離約六條街），但沖天的烈焰吞噬了街道。火勢掃向已夷為平地的醫院，藤井醫師與護士們又跳進河裡。他們在水中等待大火平息，直到河水高漲、河面波濤起伏，這一小組人雖然負傷，最後仍成功逆流而上，到達淺野公園附近的一處河岸避難。

那天從下午到晚上，谷本牧師身處於淺野公園的死亡現場，眼見受傷與垂死的人民無法獲得急救治療，不禁怒火中燒。他一度離開公園，接近在另一個疏散地工作的日本軍醫隊，商請一名軍醫與他一起回到公園，最終未果。與此同時，藤井醫師悄悄地離開他的河岸歇息處，前往朋友位於城外村子的避暑別墅，在那裡休養康復。

至少，淺野公園裡的天主教神父，能用藤井醫師那週稍早給他們的醫療用品為自己包紮。

進入原子時代，被書本壓垮

佐佐木醫師、克萊因佐格神父與谷本牧師都向赫西坦言，在爆炸那天目睹了數不清的恐怖之後，他們從某一刻起變得完全麻木、情緒封閉。赫西聽著一個接著一個殘酷的故事，可能也不堪負荷，到達了可承受的飽和點。然而，某個證詞的諷刺性特別吸引了赫西的注意。

爆炸發生前，與家人住在廣島外郊、二十歲的佐佐木敏子小姐，她在市區的東亞罐頭廠擔任職員，通勤上班。赫西見到佐佐木小姐時，她還在紅十字會醫院治療爆炸導致的傷勢。歷經連番的磨難——不僅她自己住院多個月，雙親與還是嬰兒的弟弟都在爆炸中喪生——她向克萊因佐格神父尋求指引，並得到慰藉，而神父也在她身上看到皈依的潛質。佐佐木小姐深陷絕望，困境不斷的她還遭到未婚夫拒絕——她的未婚夫在戰爭期間入伍，赴中國參戰，返國後卻想退出婚約，因為災後的許多原爆倖存者被視為有缺陷的賤民。

儘管身體疼痛且心情低落，佐佐木小姐也同意向赫西講述她的故事。八月六日上午，刺眼的光芒閃現時，她剛到罐頭廠並在辦公桌前坐下。

天花板塌陷了，好幾個高大的書櫃往前傾倒，將所有厚重的書本砸到佐佐木小姐的身上，接著書架又再摔到坍塌堆上，造成了更強力的重壓。佐佐木小姐被困在下方，左腿扭曲、嚴重骨折。不像中村太太或藤井醫師，她無法從那堆書籍、灰泥和碎木片中掙脫，只能癱在那裡承受極度的疼痛，時而昏迷、時而清醒，就這麼過了好幾個小時。

終於，有個男人出現並將她的幾名同事從瓦礫堆裡拉了出來，但他沒辦法弄出佐佐木小姐，遂將她留在原地。後來，另外幾個男人將她挖了出來，讓她淋著雨坐在罐頭廠的中庭。稍後，又有另一名「幫手」把她移到中庭牆邊一個以瓦楞鐵皮臨時搭成的棚子安置。她的左小腿被壓碎了，鬆鬆地垂掛在膝蓋下面，痛不欲生。一會兒，又有兩名遍體鱗傷的倖存者也被塞進棚裡，其中一名男子的臉部被燒得面目全非。赫西後來於文中描述「這三個慘不忍睹的人」被單獨留在那裡，傷口開始潰爛、忍飢捱餓，過了四十八小時。

最後，終於有人發現他們。佐佐木小姐被卡車運送到一處日本帝國陸軍救濟站。她的腿腫脹得很厲害，裡面滿是膿液，雖然她被輾轉移送至多間軍醫院和臨時急救站，但都沒有醫生可以處理她的骨折——後來，有一個醫生團隊總算用夾板固定了她的腿。

佐佐木小姐最終獲得了佐佐木輝文醫師的診治。赫西遇見她時，她的傷勢已大為恢復，甚至可以拄著拐杖一跛一跛地行走，但她的左腿——最初幾週始終未被正確固定——現在比右腿短了三吋。她總是與克萊因佐格神父爭論，他的上帝令人匪夷所思。「上帝應該是仁慈的。」她說：「祂為什麼容許如此劇烈的痛苦發生？」克萊因佐格神父的回答肯定很具說服力，因為一九四六年夏天，佐佐木小姐決定皈依天主教。

安靜離開

赫西確定了他的六位主角。透過他們的故事，赫西終於能夠逑說原子彈讓人類付出的真正代價。他承認他的最終人選「絕不能代表廣島人口的各種組成」，但他認為，「他們承受的種種因爆炸導致的痛苦，應相當真實地反映了所有人被原子彈陰霾籠罩的遭遇」。

在當地待了大約兩週後，赫西準備返回東京，然後飛回美國動筆。部分與他同住的憲兵知道他在與爆炸倖存者會面談話，但他們顯然未試圖干預；也許那時他們已經很習慣見到駐日盟軍總司令部核准的記者，前來觀察當地受創情況、與倖存者交談，然後安靜離開。赫西離開廣島幾週後，由於轟炸即將屆滿一週年，有另一小組記者乘吉普車前來調查。那批記者與之前的記者一樣，面對滿目瘡痍的景象目瞪口呆，他們甚至去到佐佐木醫生所屬的紅十字會醫院，訪問了一名爆炸當天也在現場的不具名醫生。然而，該採訪行程並未產出任何突破性的報導，甚至連一點新的資訊也沒有。回到東京，占領軍記者團持續密切關注進行中的日本戰犯審判，忙著辯論日本天皇是否也應受審並處以絞刑。

一如羅斯所說，赫西仍可望「搶得世界獨家」。

赫西在廣島車站月臺時，想起骨折重傷、被埋在罐頭廠廢墟裡的佐佐木小姐。這是多麼諷刺，他想，人類在進入原子時代的最初幾秒鐘，她被書本壓垮了。他決定他要在文章裡寫到這件事。

赫西離開廣島後，佐佐木小姐與其他五位倖存者在這個歷經劇烈重整的新世界裡，回復他們的日常生活。谷本牧師準備在悲悽的爆炸週年紀念日舉行追悼的禮拜；藤井醫師為私人病患進行診治，同時招待占領者，並為他們送上威士忌；克萊因佐格神父的健康狀況再次惡化，他回到東京的一間醫院住院一個月；中村太太的頭髮長回來了，她五歲的孩子回到學校，因為天主教徒重新開設了幼兒園，其他孩子也回到小學上課，但由於附近沒有完好的建築可用，他們不得不赴外區就學；而佐佐木醫生則繼續在醫院服務。

炎夏，廣島的廢墟有如烤爐。這六位受訪者並不知道，過不了幾週，他們的名字與故事將傳遍全世界。

第五章　廣島紀事

刻意壓抑恐怖

赫西在廣島做最後的採訪時，羅斯與蕭恩和他隔了半個世界之遠，不論在地理上或隱喻的意義上皆然。他們的最新一期雜誌專訪了熱愛熱狗的紐約肉品大亨，報導了雅仕多莉亞賽馬錦標賽（Astoria Stakes），並穿插了幽默漫畫，以及伊麗莎白雅頓（Elizabeth Arden）面霜、可口可樂、安德伍辣味火腿罐頭（Underwood）和林肯大陸敞篷車（Lincoln Continental Cabriolets）的廣告。雜誌完全回到和平時期的模式，沒有任何內容預告他們即將刊登的報導。

六月十二日，蕭恩收到赫西發自東京的電報。赫西告知，他已將廣島的資料蒐集完成，當日稍晚便會離開，約五天後返抵紐約。

赫西獲派搭乘一架從東京飛往美國空軍訓練司令部（Air Training Command）的飛機，航途周折冗長，先在關島停留，到了夏威夷的美軍主要陸軍機場希肯基地（Hickam Field）又再停留了一次。希肯基地位於歐胡島（Oahu），鄰接美國海軍基地珍珠港，一九四一年日本襲擊珍珠港時，希肯亦遭受攻擊，其機庫、軍營與教堂等設施都被炸毀。與轟炸廣島一樣，日本攻擊珍珠港也是突如其來的晨間偷襲——當時是早餐時間，一枚日軍投下的炸彈命中了希肯基地的餐廳，造成三十五人當場死亡。就赫西的旅程而言，最後在希肯基地停留無疑是令人不寒而慄的巧合安排。

最後，該架空軍訓練司令部的飛機在舊金山降落，赫西再從那裡返回東岸。現在，截稿的壓力來了，他的報導將在《紐約客》配合八月六日廣島轟炸週年紀念刊登。雖然如他自己後來所說，他很習慣在「白熱化」的高壓狀態下寫稿，但考慮到素材的爭議性，以及羅斯與蕭恩嚴格的編輯修改過程，這勢必會是複雜且費神的一次寫作。此外，其他刊物也有可能在週年紀念前後推出同主題的報導，互別苗頭。

赫西開始動筆。他在稿紙的最上方用鉛筆寫下可能的標題：「廣島見聞。」他劃掉了。他想了另一個：「廣島冒險。」（Some Adventures at Hiroshima）行不通。「『原始的孩子』炸彈。」（"Original Child" Bomb）也不行——日本稱呼他們投放的新型武器為「原子爆彈」，有人告訴赫西這是此名稱的粗略直譯。最後他選定了暫定的標題：「廣島紀事。」（Some Events at Hiroshima）

有了倖存者的證詞，赫西開始想方設法，盡可能地讓報導能夠引人入勝，他認為這篇文章讀起來必須像小說一樣。「新聞報導讓讀者見證歷史。」他日後說道：「小說讓讀者有機會體驗歷史。」

他希望這篇廣島報導能「讓讀者進入人物、成為人物，與他們一起受苦」，然而，會讓讀者快速擱下雜誌不讀的理由太多了——可能因為內容過於真實且令人不適，可能因為讀者對轟炸本身良心不安，也可能因為報導的說教意味太濃。如何避免讀者刻意的抗拒是赫西所面臨的巨大挑戰，他必須寫出讓讀者根本無法放下的內容；倘若他的文章讀起來像是一部引人入勝又驚心動魄的驚悚小說，他便有機會擄獲大眾的目光。

依循《聖路易之橋》的精神，赫西打算將克萊因佐格神父、中村太太、谷本牧師、佐佐木醫師、藤井醫師與佐佐木小姐在原爆當天的敘事相互交織，運用懸念來鋪陳整篇文章，他也決定要以節制收斂卻又堅定無畏的筆調來呈現倖存者的故事。過去赫西為《時代》撰寫的報導是風格化的，且不時會摻入權威性的聲明主張，同時帶有全知觀點的傾向，然而上述的特徵，必須在這篇文章全部屏棄。

「我選擇讓文句刻意安靜。」赫西後來說。這種刻意「壓抑恐怖的筆法」產生的效果，「遠比大聲嘶吼憤怒更能達到道德層面的震撼」。

這篇文章會以簡練、近乎冷冽的口吻來呈現行動與事實，與《紐約時報》的「原子比爾」・勞倫斯的風格取徑正好相反。勞倫斯當時正準備出版自己的

（經軍方批准的）專書《零的黎明》（*Dawn Over Zero*），書中講述核彈的發展演進，以及他擔任格羅夫斯將軍欽定內部歷史記錄者的經歷。勞倫斯寫道：「在新墨西哥州引爆第一枚炸彈的那一刻，山丘應和，山脈迴響著讚許，就好像大地開了金口，而忽然間，虹彩斑斕的雲朵與天空共同給出了肯定的答覆。原子能——好！這就像一部雄壯的自然交響曲偉大的終章，既迷人又恐怖，既令人振奮又震懾，既不祥又毀滅，充滿巨大的希望及不祥預感。」

真是夠了。赫西手持鉛筆坐下，開始以整潔且平靜的筆跡寫下一段草稿，而這將成為新聞史上著名的簡潔開場句：

一九四五年八月六日早晨，日本時間正好八點十五分，原子彈在廣島上空爆出閃光，當時東亞罐頭廠人事部職員佐佐木敏子小姐剛在工廠辦公室的位置坐下，正轉過頭要跟鄰桌的女孩說話。

赫西詳細交代六位受訪者各自在爆炸的那一刻身處何處，並提到他們不明白為什麼在數千人死去之時，自己卻能倖免於難。「如今他們每個人都知道，在活下來的過程中，他們歷經了好幾輩子，他們目睹的死亡遠多於自己所能想像。」他寫道。

接著，赫西細緻入微地描述每位倖存者的晨間日常活動，直到原子彈爆炸那一刻，以及爆炸後每個人當下的遭遇。（最初第一章的標題原定為「閃光」，後來又改成「一道無聲的閃光」。因為他想起事實上，主角群沒有人有印象聽到爆炸聲，刺目且無聲的閃光是每個人共同的爆炸記憶。）

他講述谷本牧師如何目睹渾身是血、驚恐莫名的爆炸倖存者從市區魚貫湧出，宛如鬼魂行進的隊伍；「小男孩」在城市降下死亡的那一刻，克萊因佐格神父和藤井醫師兩人各自在家中穿著內衣讀報；佐佐木醫師那天早上抵達醫院的情景（他比平時更早到，如果他搭的是平常的那班火車和路面電車，原爆時他恐怕就在爆炸中心附近），以及紅十字會醫院駭人的死亡現場。

赫西寫到中村太太和佐佐木小姐在清晨時正在照料她們的家人，以及中村太太如何在倒塌房屋的瓦礫堆裡拚命地尋找她的孩子。他也寫下佐佐木小姐在罐頭廠時，天花板和書架壓倒在她身上的苦難。赫西以他佇立於廣島火車站月臺時想到的那句話，作為第一部分的結語：「人類原子時代開始的那一刻，在罐頭廠，一個人被書壓垮了。」

進入章名為「大火」的第二章，在此讀者將真正深陷原子彈所製造的恐怖中。赫西在第二章以幾乎不帶感情的語言，記錄谷本牧師如何為了尋找家人和鄰居，進入深陷火海的市區；教區祕書深井先生跑回吞噬城市的烈焰中自殺的悲慘命運，以及中村一家逃往淺野公園的路途。他描寫藤井醫師發現自己被困在自家倒塌門廊的兩根橫梁之間，身體沉在京（或京橋）河上漲的河水中。他講述佐佐木醫生在紅十字會醫院的折磨——成千上萬名受傷的民眾步行聚集至醫院大樓，使這位年輕外科醫生難以承受，最後變成如赫西記錄的：「一臺自動機器，只是機械性擦拭、塗抹、纏繞，擦拭、塗抹、纏繞……」

赫西在第三章——赫西最初的標題是「淚水盈眶」，後改為「深入調查」——敘述爆炸發生後在淺野公園可怕的第一晚，他的好幾位主角的災後足跡在那裡重疊。他在此章報導了谷本牧師運送傷者渡河的殘酷工作，還有他試圖將一名爆炸倖存者拉上小船的瞬間，其燒傷的皮膚如何隨之滑落。

赫西報導道，美國人隨後轟炸了長崎，但實際上廣島的爆炸倖存者到了好幾天後才知道，有另一座日本的城市遭到類似的核攻擊，因為當時日本政府仍在封鎖原子彈的消息。

真正的影響

初稿的第四部分——也是最後的一部分——赫西報導了廣島原子彈的長期影響。雖然他的文章主要架構在六個人的證詞上，但赫西仍必須提供資訊，說明原子彈及其放射性對廣島環境與人體造成的後續影響。赫西取得大量原爆後的日本科學研究，包括廣島市匯集的損害報告、探討原子彈對廣島植栽樹木影響的植物學研究，以及「原子彈病」的臨床研究。該臨床研究由九州帝國大學附設醫院製作，詳細記錄了侵襲倖存者的放射性疾病，其症狀與成因——他甚至存有克萊因佐格神父的白血球數檢查報告的副本。赫西意圖表明，駐日盟軍總司令部與華府官員聯手隱瞞了日本對原子彈及其後果的調查與研究發現。

「麥克阿瑟將軍的總部系統性地審查了所有提及原子彈的日本科學出版物，但人的思想無法審查。」他寫道。

他報導道，儘管諸多調查研究的結果遭到封鎖，但這些資料很快便在日本科學家、醫生和官員之間廣為流傳，這些社群一直以來所能知道的訊息遠比美國人更多，美國人是被刻意蒙在鼓裡。他意識到，封鎖原子彈的相關事實很可能——至少有一定程度——是為了盡可能地維持核壟斷的優勢。

「（然而）企圖對核分裂的機制保密，就像企圖掩蓋萬有引力定律一樣，根本徒勞無功。」他憤怒地寫道：「美國的參議員和將軍，今後再也無法封鎖廣島和長崎的真相，一如許多即使推定具有軍事意義的事物——例如密西西比河和洛磯山脈——也不可能被他們一手遮天並加以掩蓋。」

暫定標題為「真正的影響」的初稿第四部分，描述了克萊因佐格神父等天主教神父、谷本牧師、藤井醫師、佐佐木醫師、中村太太與她的孩子以及佐佐木小姐，在一九四五年八月六日之後的幾天、幾週及幾個月以來所遭受的噩運。他們的傷口無法癒合、陷入嚴重的貧困狀態，而放射性疾病也使他們的生活失能，只能苦苦地掙扎……這些赫西都毫不迴避地記錄下來。赫西寫道，藤井醫師似乎得以倖免於最嚴重的輻射傷害，根據藤井醫師自己的推測，他的醫院直接塌落在他的身上，可能因此替他遮蔽了原子彈釋放的放射線。然而，克萊因佐格神父、谷本牧師和中村太太卻都出現了各種輻射相關症狀，包括發燒、嘔吐和身體不適，並為此痛苦不堪。爆炸發生後不到一個月，中村太太即嚴重病倒，她的頭髮在爆炸一、兩週後便開始大把大把地脫落。大約同一時間，克萊因佐格神父也已虛弱得無法動彈，他的傷口遲遲未癒，還引來他的初學院院長質疑——是否他自己汙染了傷口，否則怎會惡化至此？

即便是柏契特和韋勒這兩位赫西的先行者，他們在報導「原子瘟疫」和「X病」威脅的時候，最大膽的嘗試也僅止於粗略的描述。赫西打算詳細地揭示這種摧殘爆炸倖存者的「原子彈疾病」的各個發展階段，並證明原子彈爆炸後仍持續無止盡地具有殺傷力，因此，他仔細引用了日本人的研究與自己的實地採訪，並對其中的資訊加以解釋。他寫道，日本的醫生很快便得出結論，這是一種新的人為疾病，因中子、β粒子和伽馬射線攻擊身體所造成，這些射線會大量破壞並消滅人體細胞。

這些症狀——如赫西報導中的幾位主角所經歷的——包括噁心、頭痛、腹瀉、不適和發燒（最高可燒到攝氏四十一度），還有突然地落髮和血液疾病，例如牙齦出血、白血球數驟降、容易感染且無法癒合的傷口，以及皮膚出現紫紅色斑點，而症狀的嚴重程度似乎與爆炸當時所受到的輻射照射量有直接的關聯性。閱讀赫西報導的每個人都會認同，原子彈不是常規的武器，輻射疾病更非格羅夫斯將軍所說的「非常愉快的死法」，這點絕對無庸置疑。

赫西同樣引用了日本的調查報導表示，爆炸倖存者的生育能力受到輻射的影響，出現了與爆炸相關的不孕症、流產與停經的案例——「彷彿大自然在保護人類不受自己的獨創發明所傷。」他如此結論。

此外，還有傷亡人數的問題。爆炸發生近一年後，依然無從得知有多少人在廣島爆炸中及爆炸後喪生。赫西手上有多個不同的估計數字需要評估，其中一個資料來源是由廣島市進行的調查，調查顯示，截至一九四五年十一月三十日已有超過七萬八千名平民死亡，仍有近一萬四千人失踪，統計數字尚不包括日軍人員。然而，赫西寫道，廣島政府沒有人可以肯定數據的準確程度，赫西握有的另一份日本報告便指出死傷人數為二十七萬人。（當時美國政府估計廣島的死亡人數在七至八萬人之間，但承認「確切的死傷人數永遠不得而知」。）由於數個月來持續挖掘出更多的屍體，廣島官員告訴赫西，他們估計約有十萬人在爆炸中喪生，這是赫西最後選擇在報導中引用的數據。

諷刺的是，赫西回到美國後不到兩週，美國政府便發布了一份美國戰略轟炸調查團的報告，詳述美國在戰時的整體轟炸行動中對日本造成的損害。該調查是幾個月前（即日本投降之日），杜魯門總統親自要求進行的。赫西取得了一份報告，該調查宣稱其目的為：「全面性記錄原子彈在廣島和長崎造成的影響，並糾正報告作者所指稱的其他扭曲陳述。」

報告亦不諱言，調查的另一目的為研究原子彈對人和城市地區的影響，將汲取的經驗應用於「國防問題」。美國政府已將目光放遠，為不再享有核霸權的時候做打算，並發現研究廣島的人類白老鼠有所助益。「假如轟炸的目標是美國的城市呢？」報告作者提問並表示：「危險確實存在。」幸運的是，調查員在研究廣島與長崎的過程中發現可供美國借鑑的教訓，以減少遭遇核攻擊時可能的人員與財產損失，例如，很少廣島與長崎居民能夠進入地下避難所，以致於當場被燒成灰燼。因此重點是，美國的城市需要精心建設自己的輻射塵避難所系統。

此外，美國戰略轟炸調查團報告繼續寫道，原爆城市的慘況說明了進入原子時代後「去中心化的價值」——由於廣島大部分的醫療設施都設於市中心，因此「被爆炸重創或完全摧毀」。美國的都市規畫者如今可能要考慮「明智的分區制」並將「國家活動中心重新配置與部分分散」，以免美國的城市和人民遭受同樣的命運；廣島與長崎人民的經驗對他們而言最大的助益在於凸顯這些新的需求。（該報告的作者亦承認：「我們對輻射導致的傷亡所知並不充分，需要對爆炸倖存者進行更深入的研究，且研究即將展開。」）

讀完美國戰略轟炸調查團的報告之後，赫西更加怒不可遏，他將自己的沮喪全部傾注於文章之中。他在報導中寫道，政府仍在隱瞞炸彈的引爆高度與鈾使用量等資訊，他亦補充，報告還有其他祕密部分也尚未向大眾公布。

然而，報導的結尾終究屬於赫西的主角們，以及他們從毀滅灰燼中重生的挑戰。近一年後，六位報導主角對原子彈和美國人的態度都不盡相同——中村太太和藤井醫師變得無可奈何，不得不接受；克萊因佐格神父與神父們仍在爭論原子彈使用的倫理問題；而佐佐木醫師想得則沒那麼哲學，他告訴赫西，投下原子彈的美國人也應該像正在東京接受審判的日本高層指揮官一樣，因戰爭罪受審，並且應該被吊死。

報導原本計畫收尾於谷本牧師對於原子能是否會有正面用途的思索，然而這樣的安排未能如赫西所希望地留下一種沉鬱而心痛的餘韻，因此他改寫了最後幾句，將最後的陳述交給中村太太的小兒子中村敏夫，他在爆炸發生時只有十歲。赫西敘述了敏夫對那場災難的童稚回憶：

當天，他一直在吃花生。奇怪的光閃現，鄰居們都流血了。他和家人逃到公園，在那裡他們看到了旋風。他遇見他的兩個同學，正在尋找他們的母親。

「但是菊木的母親受了傷，而村上的母親，唉，已經死了。」赫西寫道。

必須一次全部刊登

赫西的文章最後發展至約三萬字。《紐約客》的編輯們原本計畫將報導以「記者自由談」的專欄連載形式分成多期刊登。但在讀過全文之後，蕭恩很快便意識到連載的計畫行不通。

「聽著，我們就是沒辦法。」他對赫西說。

要讓讀者在一期與一期之間跟上眾多主角的進展太過複雜，故事也會失去節奏與力道。蕭恩無法接受以這種方式浪費這篇重要的報導，他對這篇報導所懷抱的野心顯然與赫西不相上下，也許更大。與其讓赫西將文章刪減成較短且分量較輕的報導，蕭恩反而看見一個真正讓文章更挑釁且具衝擊性的機會。

「這不能連載。」他告訴羅斯：「必須一次全部刊登。」

這無疑將成為《紐約客》有史以來單期刊登的最長的文章。此外，蕭恩告訴羅斯，刊出赫西專題報導的這期，應該考慮排除所有其他的內容，例如「城中熱話」專欄、小說、其他文章和人物側寫——當然，還有卡通漫畫，因為再怎麼高雅的漫畫一旦與廣島焦屍遍野的描述並陳，只會顯得極度粗魯且愚蠢。

羅斯對此建議大吃一驚，如同一位《紐約客》的長期撰稿人後來所言：「這是就編輯而言，無論在他的雜誌或任何雜誌上皆前所未見的任性揮霍。」起初羅斯反對的理由是，一次刊登赫西全部的報導可能會太刺人耳目。雖然他們確實想藉由這篇報導撼動現狀，但羅斯擔心他們和平時期的讀者可能還沒準備好要面對如此未經稀釋的戰爭暴行報導，此外，讀者在發現少了自己最喜歡的常規單元，可能會感覺「被騙」——畢竟，即使在戰時最黑暗的幾年，《紐約客》仍照常刊出漫畫、「城內大小事」和「城中熱話」等欄目。

蕭恩的提議觸發了羅斯的編輯存在危機，類似他在戰爭前夕有關雜誌定位經歷的掙扎，但珍珠港事件化解了問題，讓羅斯對於將《紐約客》從幽默雜誌轉變為報導嚴重衝突的新聞平臺不再有所疑慮[25]。

自從日本投降以來，羅斯一直在掙扎如何（以及是否）「在戰爭期間相當程度地改打重量級」（他自己的形容）之後，恢復雜誌戰前幽默的調性；他認為雜誌的戰爭報導極其重要且成就驚人。現在，他有機會刊登戰爭以來最重要的關

---

25 珍珠港遇襲當天是週日，羅斯和蕭恩都直奔《紐約客》辦公室，並立刻「讓雜誌像羅斯所說的——進入戰爭時期」。《紐約客》漫畫家詹姆斯・賽伯回憶道，他們「大幅調整『城中熱話』欄目，拆下平民飾品，並用大炮和旗幟代替。也派遣記者到各地製作戰爭專題、尋找人物專訪構想、『記者自由談』題目」。

鍵報導，並且以如此別開生面的方式發表。然而，這篇文章即使分成多期刊載也勢必引發極大的爭議，若是一次全部刊登，更形同為自己打上電影首映會的探照燈；一次全部刊登的問題提前測試著編輯的決心。羅斯向《紐約客》資深作家兼編輯E・B・懷特表達他的擔憂。

「赫西寫了三萬字有關廣島轟炸的報導（我現在可以用新的發音法把〔廣島〕這個字唸得很高級）。」他告訴懷特：「文章寫得棒透了，因此我們在思考該怎麼做。」蕭恩強烈希望整期雜誌只刊這篇文章，沒有其他內容。羅斯說：「他想喚醒人們。他還說我們是有機會這麼做的人，而且可能是唯一會去做的人。」

羅斯為了這個決定折騰了大半個星期，在此期間，蕭恩持續以他溫和不懈的方式遊說，最後，羅斯決定向雜誌的初衷尋求指引。他拿出一九二五年二月二十一日出版的第一期《紐約客》，讀了第一頁和第二頁的雜誌創刊宗旨——即他批評「杜比克的老太太」那篇的著名文字。

他在二十一年前寫道，《紐約客》會是「歡快的、幽默的、諷刺的」，但他也宣稱，雜誌的創立「肩負著嚴肅的目的」，雜誌會「探求隱藏幕後的事實，公諸於世」，同時亦承諾將「秉持良心盡力滿足讀者知的權利」。羅斯在一九二四年為宣布雜誌即將出版而撰寫的《紐約客》簡介（也是第一期創刊宗旨所用語彙的出處）更進一步聲明，《紐約客》將「完整呈現真相，無所畏懼」。這正是羅斯需要、可以說服自己同意蕭恩的理由。他致電給在家中的蕭恩和赫西，告訴他們《紐約客》會用一整期的篇幅，完整刊登赫西的報導。

幾週後，羅斯向《紐約客》作家瑞貝卡・韋斯特（Rebecca West）吐露此事時，他讓這段痛苦糾結的決策過程聽起來像是滿不在乎。他說：「經過幾天的思考，我們進入一種傳福音的狂熱情緒，乾脆捨去同期的其他文字，一出手就要讓人印象深刻。」他表示，廣島特刊肯定會與眾不同。

「我不知道大家會怎麼想，但想必很多讀者會大吃一驚。」他對韋斯特說。

有史以來對雜誌報導施加的最大壓力

往後十天，赫西與兩位編輯都關在羅斯的角落辦公室裡修改文章。辦公室的空間相當樸素，裡面的裝飾幾乎僅有字典、發熱的暖氣散熱器和傾斜的帽架，其他點綴的物品還有羅斯鬆垮的公事包、潰瘍藥罐和一本《名人錄》（*Who's Who*）；如今，辦公桌和咖啡桌上堆滿了赫西這篇巨著的改寫稿。每天上午十點，團隊便開始進行改稿與重寫，他們在羅斯牆上掛著的漫畫家詹姆斯・賽伯（James Thurber）未發表的畫作凝視下，一直工作到凌晨兩點。

羅斯和蕭恩決定，赫西的報導計畫必須列為首要機密，即使對《紐約客》的內部團隊也需保密。除了羅斯的祕書（也許還有另一位祕書助理），以及雜誌的資深排版人員與統籌經理，《紐約客》沒有其他人被告知赫西的團隊正在製作這期爆炸性的單一報導特刊。這是他們自己的新聞版曼哈頓計畫。公司職員和撰稿人都知道，羅斯鎖著的辦公室門後正在進行著某項重大的祕密編輯行動——畢竟《紐約客》的總部很小，也只能保密到這種程度——但沒有人知道確切的內容。（一位羅斯的傳記作者說，幾週後他們發現時，所有人都「目瞪口呆」。）

正當赫西、蕭恩和羅斯卯足全力修改文章之際，《紐約客》團隊的其他人大多正忙著製作他們以為即將要出版的「假刊號」[26]——編輯們認為矇騙是必要的，「否則別無他法能防止走漏風聲」。羅斯的傳記作者湯馬斯・昆克爾（Thomas Kunkel）回憶道：「在《紐約客》，總會有好幾期雜誌的製作同時進行——A期、B期、C期等等，假如其中一期突然被撤掉，每個人都會發現。」文章和文案陸續獲得編輯的批准，卻都被偷偷擱置在一旁備用，這使撰稿人和畫家感到困惑，並因遲遲不見包含自己文章和畫作的排版樣張而心生不滿。

《紐約客》的業務部也未能獲知這個祕密——業務人員假定每週的廣告頁會一如往常地搭配漫畫、短文和專題文章刊登，而廣告商也連帶被蒙在鼓裡，包含騎仕德（Chesterfield）香菸、蓓瑪托高（Perma-Lift）內衣、麗仕（Lux）香皂、歐豪特（Old Overholt）裸麥威士忌的廠商……他們全得跟全世界的其他人一樣，在出刊時才發現自家的廣告畫面緊鄰著赫西的核浩劫慘況報導。要維持這個瞞天大謊對羅斯而言可能很難，但對蕭恩而言卻容易得多。「羅斯永遠無法守住一個祕密太久。」《紐約客》長期作家布蘭登・基爾（Brendan Gill）回憶道：「但蕭恩樂於保密，他會開開心心地將成千上萬個祕密帶進墳墓裡。」

羅斯很喜歡赫西的初稿。在他看來，那是「無庸置疑的傑作」，並且「幾乎

---

26 紐約公共圖書館的《紐約客》檔案中並沒有發現「假刊號」或「另一本」一九四六年八月三十一日期雜誌，但許多《紐約客》退休員工記得，有人告訴他們有一期假雜誌在運作，而除了羅斯、蕭恩、赫西與羅斯的秘書以外，只有美術（排版）卡曼・佩普（Carmen Peppe）知情。一位前美術人員回憶，同部門的前任員工說：「只有少數編輯部人員知道（赫西）那篇文章的存在，並且為了保密，該期的另一個版本也仍正在提交總編輯核准。」另一位《紐約客》的老編輯也回憶道：「我是從美術部門的人那裡聽說的，他們從一九二〇年代就在公司了……每個人都在製作一期假雜誌，只有蕭恩、羅斯和美術部門知道真相。這聽來荒謬至極，但我發誓確實如此。」

具備一切要素」，羅斯覺得它已準備好成為關於廣島原子彈轟炸的決定性作品。儘管如此，他仍發動了大量的提問與修改意見攻勢，在校樣的空白處寫了密密麻麻的註記，就連羅斯自己也承認，他可能「讀得過分狂熱」了。

文章的標題在該階段仍是「廣島紀事」，這讓雜誌創始編輯不甚滿意。而羅斯也認為赫西需要對十萬人的死亡情況進行某種細分：「有多少人死於被硬物擊中，有多少人死於燒傷，有多少人死於腦震盪，或強烈衝擊，不管那叫什麼。」（讓羅斯掙扎的可能是文中較殘忍的醫學描述段落。「他顯然對涉及人體的臨床細節有強烈的反感，尤其在講到血的時候。」基爾說道。另外，他也補充：「羅斯喜歡閱讀和談論各種疾病，充分顯示與蕭恩南轅北轍的程度。」）

羅斯還點出，讀者在閱讀文章時會失去時間感，因此赫西需要不時地插入小時或分鐘等時間提示，讀者才知道自己讀到何處。另外還有「日文引述的問題」，赫西需要按照他引用的每個日文單詞，並使用相應的英文翻譯；此外，羅斯甚至要求赫西描繪得更詳細一些。

上述只是部分的大修改方向，具體細節的修改則細到錙銖必較。赫西在第一部分中寫道，一名德國神父在爆炸時躲避在堅固的門口處（doorway），而羅斯則回應：「我不明白門口怎麼能說是堅固，門口就是一個洞，一個空間。」顯然赫西指的是門框（doorframe）。羅斯還繼續說：「身為空襲和舊金山地震的經驗老到者，我知道你的意思是指人站在門口，所以沒有東西會直接砸到身上。」他也不同意赫西形容谷本牧師用以撐船的竹竿是「細長的」（slender）。「可以用竹竿划船嗎？」羅斯問赫西：「這個日本人做到了，但我不會用一根細長的竿子跟自己的運氣開玩笑。」

羅斯也忍不住對赫西的故事和人物發表評論——他在得知耶穌會神父在原子彈爆炸前悠閒的早晨活動時，感到難以置信。「見鬼了我不敢相信……這些耶穌會的先生們……早餐後竟然都回去睡了。」他寫道：「我一直對這些宗教人士心存懷疑，也很羨慕。啊，當個耶穌會教士多好。」

改稿甚至讓羅斯徹夜未眠。他在凌晨因為一句有關自行車的句子而苦惱不已，赫西形容這些自行車在轟炸中變得「傾斜」（lopsided）。隨後，他將這個問題提給赫西和蕭恩：「三度空間的東西怎麼可能『傾斜』？」羅斯要求答案。那晚，赫西和蕭恩各自回家思考替代的詞彙，赫西最後選擇了「倒坍成一片」（crumpled）。第二天早上他進到《紐約客》辦公室時，蕭恩已經在校樣上寫下同一個詞——對赫西來說，這更加證明了蕭恩的編輯超能力。赫西認為，蕭恩是某種「編輯變色龍」（editorial Zelig），能夠「以他正在編輯的作家的詞彙來思考」。

即使蕭恩的性格堪稱雜誌的常駐編輯外交官，他對於精準的追求也同樣毫不鬆懈。《紐約客》的未來幾代作家，都能在赫西的文章中窺見蕭恩的編輯印記。「如果你是《紐約客》的人，你就看得出來蕭恩在哪些地方仔細地琢磨過。」《紐約客》的長期特約撰稿人亞當・高普尼克（Adam Gopnik）說道：「他有低調、實證且一絲不苟的態度，同時帶有某種清醒的道德義憤。」

他們沒趕上八月六日的週年紀念日，文章預定將於八月三十一日刊登，如此，他們也不需擔心其他週年紀念報導的競爭。八月七日，《紐約時報》第十三版刊登了一篇關於廣島的短文，標題為「日本紀念原子彈週年。廣島市舉辦祭典。」（文中，《紐約時報》記者派洛特引用了據稱剛發布但未標明出處的日本調查報告，告訴讀者：「目前幾乎沒有跡象顯示，放射線對倖存者造成永久性的傷害。」）《時代》雜誌的編輯過了將近兩週，才刊出一篇小小的週年紀念文，標題是「日本：舞動時刻。」這篇未署名的報導指出：「成千上萬的（廣島）市民生活如常，彷彿原子彈爆炸一週年是德州潘漢德爾（Panhandle）的牛仔節。」據《時代》報導，人們湧向電影院，在神社舉行「精采的燈籠舞儀式」，並「在市內臨時搭建的百貨公司，趁特惠促銷搶購廣島製的產品」。

羅斯、蕭恩與赫西三人，逐步費盡苦心地將文章打磨得精練紮實。赫西的初稿幾經調整，終於修改至完稿，包括該文即將爆紅的名句，也有了新版——關於佐佐木小姐的苦難的句子，赫西改寫為：「原子時代開始的那一刻，在那裡，在罐頭廠裡面，一個人被書壓垮了。」中村太太的兒子獲得了全文最後的陳述，而非谷本牧師對原子能和平應用的含蓄思索，而第一部分則加入了十萬人的死亡人數，以立即提醒讀者單單一枚原始核彈所能造成的毀滅程度。

儘管羅斯在編輯期間的一些信件裡似乎自信滿滿，甚至油嘴滑舌，但他們的團隊還是對文章進行了高密度的編修，即使放在雜誌向來嚴格的標準來看依然非常嚴厲。他們需要將文章拆解，從各個角度分析並仔細地檢視每一個字，因為如同羅斯對赫西所說，這篇報導可望成為「這世代最轟動的文章」。這篇報導的出版之於《紐約客》或赫西兩者，都冒了相當大的風險，無論事實謬誤或編輯上的失誤，對雙方而言都是災難性的。

他們將報導標題重新命名為〈廣島〉，而它即將成為《紐約客》歷史上的里程碑——亦可能成為國家歷史的轉捩點。大多數的美國人仍全心全意地贊成對日本使用原子彈的決策，他們繼續陶醉於他們眼中道德上的絕對勝利；他們對於遭受核攻擊的痛苦幾乎一無所知，也不了解這些仍屬實驗階段的武器會造成何種長期的影響。

在赫西的〈廣島〉中，美國人即將面對種種殘酷的事實——這項軍事行動如何以人民之名祕密實施，如何彷彿代替神一般降下毀滅性的天譴，而未來的戰爭又可能是何種面貌。儘管文中從未直接質疑原子彈的使用，但勢必已將耀眼的聚光燈突然轉回原子彈的創造者和使用者身上——杜魯門總統、歐本海默與格羅夫斯將軍——文章也肯定會暴露那些頂頭人物，如何設法掩蓋自己的傑作中不那麼光彩的部分。

這正是為什麼〈廣島〉必須完美無缺。畢竟，正如羅斯對赫西所說，它「將承受有史以來對雜誌報導施加的最大壓力」。

機密資料

在戰爭期間，《紐約客》的編輯與其他人一樣，都須將戰爭報導呈交給戰爭部審核批准。他們鮮少遭到戰爭部公關團隊的強烈反對，或要求重大的修改。雜誌編輯與審查員之間的往來堪稱友好，提交的文章通常會由戰爭部的新聞官迅速寄回給編輯，並註明希望的修改，或判定「不反對出版」予以批准。

一九四五年九月二十八日，美國政府簽署行政命令，正式廢除戰時的新聞審查局。然而接下來的幾個月，《紐約客》的編輯仍持續將觸及核議題的報導初稿送審，以遵守政府前一年秋天所發布的機密命令——該命令以維護國家安全為由，要求核相關資料一概必須提交戰爭部審查。就在幾個月前（即一九四六年五月），赫西還在中國等待駐日盟軍總司令部批准前往日本，《紐約客》向戰爭部遞交記者丹尼爾．朗（Daniel Lang）的報導計畫，其中採訪了參與曼哈頓計畫的物理學家菲利普．莫里森（Philip Morrison）博士，他曾在前一年夏天陪同法雷爾將軍赴廣島進行「抽查」。提交這篇報導的《紐約客》編輯感謝公關官「在審查事務上」的迅速辦理，以及「過去對我們的諸多照顧」。赫西人還在廣島實地採訪，這篇報導很快便核准通過並刊登了。

然而，正當羅斯、蕭恩和赫西在《紐約客》辦公室埋首修改〈廣島〉之際，發生了某件事使得他們面臨了更加險峻的法律處境——八月一日，杜魯門總統簽署的《原子能法》（*Atomic Energy Act*）後正式生效，除其他條款之外，該法案還建立了「機密資料」的認定標準，包括「關於原子武器之製造或使用、可分裂材料之生產、用以生產電力的可分裂材料之使用的所有資料」。任何取得被視為機密資料（無論是否合法取得）並加以傳播、傳送或散布者，且存在理由相信該資料可用於損害美國的情況，都可能面臨監禁及巨額罰款；若可證明此人是積極企圖或謀畫「傷害美國」或「為任何他國謀取利益」，該人甚至可能「被判處死刑或終身監禁」。

在〈廣島〉中，赫西已避開先前被美國政府列為機密的資訊，例如「原子彈爆炸的高度」、「產生的火球大小」等等。（當然，他確實在草稿中指出，政府對美國大眾隱瞞了那些資訊。）此類資訊受到限制的消息在業界廣為人知，具體細節已在前一年向編輯詳細說明，並以清單形式收錄在一份報導指南中，分發給旁觀比基尼試爆的記者。

然而，《原子能法》並未提供可能被視為機密資料的具體清單。杜魯門總統簽署該法案生效的當天，羅斯聯絡了他們的律師米爾頓・葛林斯坦（Milton Greenstein）。

「我們應該送審嗎？」他問。「蕭恩先生和我不想送，但我們不確定法律是否規定我們應該這麼做。」他又表示：「赫西的所有資訊『都來自日本』（嚴格而言並不準確），軍方沒有提供任何資料。」他請葛林斯坦檢視他們的確切處境。

律師評估了新法案與赫西的文稿。

他向編輯證實：「所謂的『資料』沒有明確的定義，但我相信，法案中指的是科學與技術層面的問題。」他不認為〈廣島〉有任何內容可能被視為機密資料。「當然，我們不會刊登任何『意圖傷害美國』的內容。」不過，葛林斯坦又說：「赫西報導的一些觀察可能會被稱為具有科學性。」他表示，如果他們不確定某些內容是否屬於受限類別，他們也許不應該「散布」它。

《紐約客》團隊發現自己陷入左右為難的困境。他們可以拔去報導的危險尖刺，甚至完全放棄，或者他們可以冒著嚴重處罰的法律風險按照計畫刊登。倘若〈廣島〉確實包含美國政府可歸類為機密的資訊，檢察官仍需證明赫西與《紐約客》意圖傷害美國或通敵——這個指控相當難以成立。然而，因為這部新法案，政府得以更理直氣壯地聲稱《紐約客》故意揭露危險訊息並置國家於險境，這最起碼會為雜誌招致一場公關災難。即便雜誌團隊不會因涉嫌任何違法行為而遭成功起訴，也可能引發對雜誌及廣告商的強烈反彈和抵制。正如一位審查歷史研究者所言，後果「甚至足以讓雜誌社關門大吉」。

《紐約客》團隊最終如何做出將報導送交政府審查的決定，這點不得而知，但在八月第一週的某一刻，羅斯和蕭恩做出了無比煎熬的抉擇。他們將〈廣島〉遞交戰爭部審查——還不是給公關官，而是送交格羅夫斯將軍本人。

編輯並未向格羅夫斯將軍透露，他們計畫以「單期刊登」如此高調的方式發表〈廣島〉。送審的呈現顯得有些隨意，彷彿這只是《紐約客》一長串戰爭相關報導中的一篇——蕭恩將它簡單歸類為「分四部分講述廣島轟炸的文章」。

雜誌團隊等待他的答覆。

微調文章

乍聽之下，將〈廣島〉送交給戰爭部審核，似乎等於是讓赫西的巨著直接上斷頭臺。然而，如果羅斯和蕭恩認為政府核准為必要之惡，那麼格羅夫斯將軍便可能是出乎意料的漏洞——提交送審是編輯精心策畫的一場豪賭。

儘管格羅夫斯將軍最初幾個月試圖掩蓋原子彈的全面影響——尤其輻射病症——但過了一年後，新的考量與情勢顯然改變了將軍的態度，他對於大眾如何看待原子彈已有不同的想法。起初他試圖將原子彈描述為相對人道的武器，尤有甚之，他對其嚴重性的缺乏悔悟更成了公開的記錄，他說：「當我看著我們的軍人從日本監獄返國的照片，聽到關於巴丹死亡行軍的第二手、第一手描述，我並不特別擔心這武器會對日本人造成多嚴重的傷害。」

《紐約客》的編輯推斷，即使格羅夫斯將軍最終以維護國家安全的理由，刪除了文稿中某些關於轟炸的技術性資訊，然而有鑑於將軍對其過去敵手的苦難漠不關心的記錄，報導的其餘部分——赫西的六位主角的經歷——也許有機會被完整保留。若從較醜惡的角度去想，〈廣島〉文中目擊者的敘述，甚至可能被將軍視為宣傳原子彈威力的廣告——格羅夫斯將軍負責領導原子彈的製造，使他變得越來越關心自己製造了戰爭致勝武器的功勞是否受到認可。

《紐約客》編輯和赫西亦從美國戰略轟炸調查團的報告中得知，美國政府開始發現研究廣島原爆受害者的益處，因為受害者在爆炸期間和爆炸後的經歷有助於美國軍隊、政府和醫學研究人員的準備工作，以應對有朝一日可能遭受的核攻擊。格羅夫斯將軍認為美國需要擴充自己的核武庫，畢竟美國也只能維持核武壟斷的優勢一段時日。雖然格羅夫斯將軍認為，蘇聯（當時美國冷戰的最大對手）距離擁有自己的原子彈可能還需五到二十年的時間，但為了製造更強大的核武器並增加儲備，他已看到尋求公眾支持的必要性。

他在該年稍早的一份備忘錄中寫道：「要是有什麼方法可以讓美國現在意識到十五或二十年後，在原子彈充斥的世界中所將面臨的真正危險就好了。」核武器如今已成為這個世界上永久的存在，於是他結論：「我們必須擁有最好的、最大的、最多的核武器。」

提升大眾對於美國維持核優勢的支持，成了格羅夫斯將軍的新目標，因此羅斯和蕭恩推斷，將軍或許會將〈廣島〉視為有利於其主張成立的資產。假如讀者能夠想像他們在休士頓、艾克朗（Akron）或紐約的家鄉陷入廣島的處境——正如赫西、蕭恩和羅斯所希望的——他們可能真的會大聲疾呼禁止核武，並痛斥最初製造出核武的人。或者，他們也可能突然開始明瞭美國迫切需要維持自己的核武霸權，因而呼籲國家迅速擴展核武，正如格羅夫斯將軍所希望的。（在蘇聯握有原子彈之前，〈廣島〉或許可以提醒他們目前處於多糟糕的劣勢，就此方面而言，〈廣島〉肯定可以方便地充作美國的宣傳材料。）

八月七日下午三點二十分，格羅夫斯將軍致電人在《紐約客》辦公室的蕭恩。他告訴編輯，他準備核准文章通過，然而，他也繼續表示，他希望討論「微調文章」的可能性。他希望在一些地方稍做改動，同時表示，他的修改「不會損及文章」。

將軍詢問是否可以派一名公關官到《紐約客》當面討論修改，而蕭恩同意了。他安排讓格羅夫斯將軍的一名公關人員在隔日早上前來《紐約客》，然而後續會議的細節內容則無從知曉[27]。《紐約客》僅存的記錄、赫西的記錄、格羅夫斯將軍的記錄都沒有明確表示將軍希望刪減或更改哪些資訊，當時那些持續遮增的舊改寫草稿，都未出現在《紐約客》的檔案或耶魯大學收藏的赫西文稿中，而將軍的記錄檔案裡似乎也沒有任何文件顯示他希望的更改處。然而，從保留下來的《廣島》初稿中可見，確實有某些爭議的部分並未出現在最後刊登的版本。

在戰爭部會議後的最後版本中，赫西寫到美國人刻意讓自己被蒙在鼓裡，對原子彈爆炸的確切高度和鈾使用量一無所知——這一部分消失了。而他憤怒地陳述「企圖對核分裂的機制保密，就像企圖掩蓋萬有引力定律一樣，根本徒勞無功」的這一部分也被刪掉了。（這大概可以預見，赫西的原句「美國的參議員和將軍，今後再也無法封鎖廣島和長崎的真相」也已遭剔除。）文章不再批評美國戰略轟炸調查團的報告，也不再指出該報告存在機密且未發表的部分。然而，文章加入了一些新的句子，包括「研製威力十倍或二十倍強」的炸彈是可

27 赫西可能出席了與格羅夫斯將軍的代表商談的會議，雖然他後來並未在採訪中或在重述〈廣島〉寫作歷程時，透露曾出席該場會議。然而證據顯示，他至少知道〈廣島〉曾提交戰爭部審查。五個月後，他與戰爭部通信爭取讓《廣島》在日本出版，他提到該報導當初已獲得戰爭部的出版許可。

能的事實。

部分令人驚訝的元素被保留了下來，例如赫西寫到麥克阿瑟將軍系統地禁止日本出版物提及原子彈的句子。（或許這並不那麼令人驚訝，因為格羅夫斯將軍和麥克阿瑟將軍之間早就互不對盤。）赫西對於他的幾位主角苦於輻射疾病折磨的描述，在最後刊登的版本中也保持不變，但這是因為這篇文章暗示了患者在爆炸的那一刻受到輻射的照射，而非因為殘留輻射而致病——這對於格羅夫斯將軍和美國政府而言，仍然是極其敏感的話題，他們一直竭力否認原爆城市中存在殘留不去的放射性。（此外，公開的美國戰略轟炸調查團報告亦公開承認，原子彈釋放的放射線也造成了部分爆炸受害者喪生，這也許為赫西創造了從寬處理的條件。）

赫西文中有段駭人的描述，有關日本士兵的眼睛液化並在臉上流淌。或許格羅夫斯將軍在讀到時曾感到困擾不適，但他並未要求刪除該段落，或其他類似的殘酷描繪，畢竟他與杜魯門總統一樣，認為日本人只是罪有應得。

蕭恩於八月十五日將另一版本的〈廣島〉送交給格羅夫斯將軍「快速檢查」，並在第二天懇求給予最後意見——很顯然他收到了，連同獲得了將軍的祝福。於是一九四六年八月三十一日，該期雜誌進入了最終的生產流程。對他和

《紐約客》團隊而言幸運的是，格羅夫斯將軍似乎忽略了赫西所揭示最令人不安的部分——美國對大部分的平民人口降下「人類史上前所未有的規模」的毀滅和苦難，並且試圖掩蓋其新武器所付出的人類傷亡代價。無論《紐約客》的編輯團隊被迫做出何種讓步，對他們而言，〈廣島〉順利撐過審查將成為良心的證明，並對未來原子時代的文明敲響急切的警鐘。

驕傲——與希望

〈廣島〉基本上安然地度過了瀕死的關卡，赫西和蕭恩最初欲實現的目標也被保留了下來——透過受害者的眼睛描繪出一幅具顛覆性、令人痛心的原爆見證。現在，《紐約客》的編輯手上已經有了幾乎最終的版本，準備呈現在全世界的眼前。

雜誌封面通常是提前幾個月前便選定的，而八月三十一日期預定使用的是藝術家查爾斯．馬丁（Charles E. Martin）的插畫，他在戰爭期間曾服務於戰時情報局，負責製作傳單並散發到敵後。然而，馬丁為八月該期繪製了一幅無憂無慮的場景——在不知名的公園裡，人們躺在湖邊做日光浴，面帶微笑且閉眼享受，而其他尋歡作樂者或打高爾夫、槌球、網球，或騎馬、騎自行車，還有一位先生一邊抽著菸斗，一邊心滿意足地釣魚。這又回到一派閒適的美國。

編輯選擇保留馬丁的夏日即景作為〈廣島〉特刊的封面。在讀完裡面的報導後，這幅恬逸的畫面可能會令讀者產生坐立難安之感——也許這就是夢遊中的、冷漠的美國，如亞伯特・愛因斯坦幾個月前所形容的：「躲進安逸的舒適圈，無視原子時代的危險。」或者，這也呼應了一九四五年八月六日上午，直至八點十五分前，廣島市民忙碌於日常工作的毫無所覺（部分讀者可能會察覺到封面的場景格外不祥，因為赫西文中提到一處類似的公園——淺野公園——最終成為爆炸倖存者的疏散地點，並且在不到二十四個小時內便散布著滿身燒傷的屍體。）

然而，編輯確實越來越擔心他們未能事先警告讀者，雜誌內含有赤裸描寫的內容。

有人提出：「老天，如果有位老兄買了雜誌打算在理髮的時候看，然後真的讀了，他會做何感想！」（當時，《紐約客》的封面上不會放有提及該期內容的文字，內頁也沒有目錄。）他們必須迅速趕製某種視覺警示。

羅斯訂了白色的紙製作書腰，書腰將會包在紐約報攤所販售的四萬本雜誌外面，附有警語說明該期的一篇報導內容可能會令人感到不適。

除了封面插圖、白色雜誌書腰和一小幅有著河流交錯的手繪廣島扇形地圖，〈廣島〉再也沒有其他的視覺素材（編輯團隊一度嘗試為文章搭配蕈狀雲插圖，但被認為有分散注意力之虞而未採用）。

先前披露過的廣島照片亦無法充分地傳達出當地的恐怖氛圍，因此，畫面將完全來自於赫西的文字，而赫西拍攝的六位倖存者的照片將由頂點新聞圖片社（Acme News Pictures, Inc.）提供給其他的出版刊物。赫西同意《紐約客》授權其他出版品轉載〈廣島〉，前提是對方同意一字不漏地完整刊登。此外，他也向團隊明確地表示，自己不希望獲得因聯合刊載而產生的任何收益。

「和其他美國人一樣，我對於原子彈、甚至對於從中牟利而感到內疚，因此我決定放棄第一次轉載的收益。」他後來說道。

赫西決定將轉載收益捐給美國紅十字會。在電話會議上，雜誌財務長豪利・楚艾克斯（R. Hawley Truax，此時已參與〈廣島〉計畫）建議為捐款行動做廣告，而赫西、羅斯和蕭恩都表示同意。

由於該計畫在《紐約客》辦公室仍處於保密的狀態，蕭恩和羅斯親自搭火車將樣張送到康乃狄克州的印刷廠。

「我的感覺好像我姑媽跟賣冰小夥子私奔那般虛弱。」羅斯說。「當然，也一樣自豪。」

一如往常地，蕭恩的作風更恭謹且有禮些。他將該期的最終打樣寄去給赫西，並附上一張紙條。

他寫道：「親愛的約翰，謹寄上本期的打樣，帶著我由衷的感激、無限的欽佩——與希望。」

第六章　引爆

這是可能發生在你我身上的故事

一九四六年八月二十九日，星期四。早上，數萬本《紐約客》運抵全國各地的書報攤，放在店門前的迎客踏墊上，塞進家家戶戶的信箱裡。時值勞動節連假，讀者將有較長的時間好好地消化〈廣島〉。

雜誌出刊日的早上，時任《紐約客》記者的蘿絲被蕭恩喚到他簡約的小辦公室。她記得，蕭恩的木質辦公桌上整齊地疊放著一本本長篇幅的校樣，桌上的一只杯子裡插滿了削尖的黑色鉛筆。蕭恩神色緊繃，他要蘿絲去中央車站看看書報攤前是否有民眾排隊，等著購買裹著白色書腰的雜誌。

「我連忙趕過去，但現場沒有排隊隊伍也沒有人群。我回去後，猶豫不決地向他報告。」她憶道。

蕭恩的失望明白地寫在臉上。「我以為會在全城掀起騷動。」他哀嘆道。「我以為大家會注意到。」

但他的灰心並未持續太久。在一天之中，平淡的市場反應轉變為赫西後來形容的「大爆發」。翻開雜誌閱讀的讀者在第一頁首先印入眼簾的是，一段以粗體字印刷、短短的「編輯的話」。

親愛的讀者：本週的《紐約客》以全部篇幅刊登一篇文章，講述一座城市幾乎被原子彈徹底摧毀的慘況，以及該市人民的遭遇。本社之所以這麼做是相信，我們之中其實很少人理解原子彈具有何等不可思議的破壞力，而或許每個人可以花點時間，思索使用這種武器的嚴重意涵。

——編輯群

報導的口碑效應勢必相當可觀，但羅斯和蕭恩不願心存僥倖——保密了好幾週，如今正是該賣力曝光的時候。前一天，他們將雜誌寄給紐約九間主要的新聞報社與三間國際通訊社的編輯，除了文章以外，還附上一封編輯的信，指出雜誌「打破持續二十一年的慣例」，將整期的篇幅用來刊登單一報導，並稱赫西的文章為「極度重要的作品」。為避免收件者將廣島報導視為老掉牙的舊聞，羅斯與蕭恩強調赫西文中提到的多處新發現，包括剛獲報的十萬人死亡人數、爆炸時明顯的靜默，以及日本科學家如何率先查出襲擊城市的是何種武器。不過《紐約客》的編輯並未提到，該篇報導破天荒地將日本受害者描繪為平凡人（或者視之為人），這在當時對原子彈轟炸題材的處理上仍屬革命性的手法；他們也未特別指出，赫西揭露了廣島轟炸長久以來被隱匿的真相。他們相信在世界各地的編輯同行自會抓到重點。

報導發行前夕，《紐約客》辦公室的緊張氣氛高漲。羅斯後來告訴另一名編輯，〈廣島〉團隊看似「信心十足地出手」，但他其實私底下到最後一刻還是擔心，他們也許根本是「獨冒風險地出手」。赫西完成校對後便離開紐約市，前往北卡羅萊納州藍嶺山脈（Blue Ridge Mountains）頂峰一座名為布洛岩（Blowing Rock）的迷你小鎮——或許，他預期雜誌發行後會面臨巨大的反彈聲浪——確切的離開原因未留下記錄可循，不過該反應與他畢生拒絕為自己作品宣傳的原則倒是相當一致。正當〈廣島〉準備成為近期最具爭議性的吹哨報導之際，赫西於發表前夕消失的行為引發了部分媒體人士的困惑。有些人對此表示輕蔑（《新聞週刊》（*Newsweek*）稱赫西「逃出城外」），有些人則較能同理（另一刊物解釋，該文引發的迴響勢必非常驚人，赫西離開是非不得已）。無論如何，考慮到赫西報導的主題，他選擇在布洛岩避風頭不免有些諷刺——該小鎮以多風聞名，無處不颳風，還經常垂直往上吹，風勢甚至強勁到可將東西直接拋上天。

提早收到〈廣島〉特刊的新聞機構立刻上鉤，多家媒體爭相搶先發布新聞，報導赫西的突襲採訪壯舉，而最後拔得頭籌的是《紐約先驅論壇報》。某位

《先驅論壇報》的編輯得意地告訴羅斯：「我們率先踏上赫西之路。」該報一連發布了三則有關〈廣島〉的新聞，在雜誌發行的當天早上，就刊出了專欄作家葛內特所撰寫的慷慨激昂的報導。

葛內特宣稱，〈廣島〉是最優秀的戰爭報導作品，並將主導全國關於廣島與核武議題的輿論。他又寫道，人們會持續熱議這篇文章很長一段時間——即使是沒讀過的人。當然，還有讀過之後永難忘懷的人。

「你可以聞到那座死亡之城的味道。」他寫道：「與其說你活在痛苦之中，不如說是活在震驚與茫然之中。」

《論壇報》的編輯在另一篇社論中提到，歷經戰爭的種種恐怖後，全世界確實陷入茫然、疲憊又厭倦的狀態，這使得轟炸發生時，人類幾乎無法深刻領略此種新武器真正的規模和意涵。此外，社論中繼續寫道：「人們能夠被個人的苦難深深打動，卻會對眾人的受苦感到麻木，這古老的悖論至今阻礙了對原子恐怖的理解。但赫西總算闡明了真相，讓廣島的悲劇真實可及，這是其他出版內容……未曾辦到的。」

全國各地多家報紙刊物立即與《紐約客》聯繫，希望取得轉載與採訪機會，遍布三十多州的編輯皆火速提出刊登〈廣島〉部分摘錄或完整全文的要求。（這篇報導對於其中有一家位在阿布奎基〔Albuquerque〕的報社完全命中痛處，因為其辦公室就位於原子彈試爆場洛斯阿拉莫斯〔Los Alamos〕的北方一百哩處。）「天曉得為什麼，全世界都要找我們。」羅斯告訴葛內特。他的豪賭得到了回報，如今他有理由相信〈廣島〉將成為他那個時代最被廣泛轉載、刊登的新聞作品。

就連無法完整刊登三萬字的刊物，也開始在頭版登出通欄大標題的報導，並在社論急切地談論赫西揭露的事實。報導在短時間內鋪天蓋地，彷彿廣島轟炸就發生在一天前，而非一年前。編輯們再三提醒讀者，赫西報導的故事很可能發生在美國的任何地方，而他描繪的六位倖存者也可能就是克里夫蘭或舊金山的居民。

「倘若戰事再起，這便是你和其他數百萬平民百姓可能——不，是大概會——面臨的遭遇。」《印第安納波利斯新聞》（*Indianapolis News*）的一篇社論寫道。該報報導了赫西的故事，並搭配了怵目驚心的通欄大標題：「廣島——一座城市的死亡。」

全國上下的新聞編輯與專欄作家，突然之間齊聲撻伐政府對於廣島與長崎在爆炸後承受的核後果保持沉默、祕而不宣。「這是第一篇嘗試告知全世界當地真實情況的報導。」加州《蒙特利半島先驅報》(*Monterey Peninsula Herald*)的社論表示。文中繼續寫道，〈廣島〉清楚展現政府是如何處心積慮地要「向美國人民隱瞞整件事」。該社論指出，就如同戰後的德國人聲稱他們不清楚集中營內發生的事，如今美國人也處於類似的位置，面目宛如「毫無道德的蠢蛋」。廣島轟炸之所以未被視為犯罪，是因為這行為出自戰勝者之手。美國人需要立刻獲知這起可怕事件中所發生的一切，並且「無法容忍〔更多〕的掩蓋作為」。國家的道德地位岌岌可危。

心花怒放

發刊日當天的午餐時間，羅斯接到《紐約時報》的一位編輯打來的電話，對方輕快地祝賀他並表示，《紐約客》團隊這次在廣島報導的表現「出色極了」。同日，《紐約時報》刊登了一小篇關於〈廣島〉的消息，文中僅告知讀者《紐約客》用了一整期的篇幅刊登了赫西的報導，並指出該雜誌著名的漫畫這回顯然缺席。

就在蕭恩與羅斯擔心《紐約時報》會油腔滑調地處理〈廣島〉的出版及重

要性時，隔日的《紐約時報》出人意表地發表了一篇相當嚴肅的社論。赫西的報導似乎深深撼動了報社的編輯。

「每一個允許自己拿原子彈開玩笑的美國人，或認為原子彈跟飛機、汽油引擎無異，不過是初聞聳動且如今已可接受其成為文明一部分的美國人……都應該讀赫西先生的文章。」社論寫道。《紐約時報》編輯隨後對最初投放原子彈的決策提出質疑。「廣島和長崎的災難是我們一手造成的。」《紐約時報》社論表示：「使用原子彈的決策在當時獲得捍衛，現在亦不乏辯護支持，理由是原子彈拯救的生命比奪去的生命還要多，日本人或美國人皆然。這論調可能合理，也可能不合理。若想到塔拉瓦環礁（Tarawa）、硫磺島或沖繩，你可能會認為它很合理。但你若讀過赫西先生的文章，就可能認為它再也站不住腳。」

《紐約時報》也提出疑問——既然赫西揭露了原子彈毀滅性的真相，那麼美國可能再次投放原子彈嗎？假如讀者仍然為動用核武辯護，他們應該閱讀赫西的報導，因為文中描述的不僅是人類與城市的死亡，更是人類良知的泯滅。

「歷史的錯誤已然鑄下。」《紐約時報》結論道：「過去無法重來。但未來仍需由我們創造。」

這篇社論成為美國政府與軍方的惡夢。數個月以來，他們致力於將在日本投放的原子彈塑造為較人道且拯救更多生命的手段，如今卻公開受到抨擊。儘管赫西從未直接質疑使用原子彈的理由，《紐約時報》的社論已說明〈廣島〉真正率先戳破了政府關於「原子彈是必要的」的主張。此前，《紐約時報》始終是政府戰時的可靠盟友，過去一年間，該報以大量的篇幅刊登「原子比爾」．勞倫斯經戰爭部背書的原子彈相關報導。

《紐約時報》基本上將〈廣島〉視為晴天霹靂的意外發展，此態度同樣令人大感震驚。畢竟「原子比爾」是長崎轟炸行動的唯一隨軍媒體人員，更是曼哈頓計畫的官方歷史記錄者，此外，另一位《紐約時報》記者——「非原子比爾」．勞倫斯——亦屬第一批進入兩座原爆城市的西方記者。再說，自一年前對日占領以來，《紐約時報》便設立了東京分社。

顯而易見的是，赫西、羅斯和蕭恩真正成功取得了近在眼前的獨家。有「一窩蜂記者」在廣島浪費了大把機會，如今他們自身的不足連同政府隱匿的行徑皆被暴露無遺。

即便其他編輯和記者私下氣得跳腳，大多數人在外仍表現得風度十足。許多人推薦這本突然嶄露頭角的雜誌，即使對方搶足了鋒頭，還在競爭中狠狠地贏過了自己。世界各地的新聞編輯與記者紛紛推崇羅斯、蕭恩與赫西的膽識，一位《紐約時報》的編輯甚至親自致電羅斯並稱他為天才，還說：「我深深地一鞠躬。」一位哥倫比亞廣播公司的主播對蕭恩說，如果像〈廣島〉這樣的一篇文章都無法拯救世界，那麼沒有什麼別的救得了。

部分記者的確向《紐約客》團隊表達了專業上的欽羨，包括倫敦《每日快報》的某位記者，該報於一年前刊登了柏契特開第一槍的那篇〈原子瘟疫〉。在洛克菲勒中心（Rockefeller Center）附近的《生活》雜誌辦公室，有些人的羨慕帶著欽佩之情，有些人則愠愠不樂。某位《生活》作家帶著包著白書腰的《紐約客》進到辦公室電梯時，被另一位作家注意到了。

「約翰這次幹得不錯，可不是嗎？」他說：「漂亮的一手。真希望我有這招。」

此刻的羅斯心花怒放得要命，他跟某位編輯說：「這篇報導引發的轟動比我所知的任何一篇雜誌文章都要熱烈，而且我想熱度才剛開始延燒。」他還對《紐約客》作家佛蘭娜表示，〈廣島〉是他此生出版的雜誌文章裡最成功的；他也對出版人布蘭琪・克諾夫（Blanche Knopf）吐露，他已經有好多年沒感到如此滿意。〈廣島〉的表現持續超越他的期待。

大多數《紐約客》的員工與撰稿者們，皆與全世界的其他人同時得知〈廣島〉特刊的存在，如今他們開始為老闆赴紐約各處的書報攤偵察銷售狀況。雜誌到處都銷售一空，他們向羅斯與蕭恩回報。中央車站的某書報攤甚至貼起告示寫著：「《紐約客》已售完。」另一位書報攤老闆也提到：「有人衝上來就問：『你有那本長崎什麼的嗎？』」他之前給自己留了一本，而由於詢問度實在太高，他暗忖著或許可以賣個好價錢（雜誌售價為十五分錢）。

幾天之內，劣等黑市出現了一九四六年八月三十一日期的《紐約客》。赫西的一位朋友說，他四處搜尋該期雜誌未果，終於在一間二手書店覓得一本，要價六美元——而老闆告訴他，那算便宜的了。

另外也有較嚴肅的回報。某位《紐約客》的撰稿人注意到，一群美籍日裔士兵在中央車站買了多本雜誌。士兵們付了錢，然後在通勤者橫衝直撞的嘈雜聲與刺耳的列車廣播聲之中，他們席地而坐，默默閱讀。

何不寫寫「南京大屠殺」

赫西和《紐約客》的編輯們獲得同行記者與編輯的盛讚，現在該是評估全國讀者初步反應的時候了。每天都有大批關於廣島的來信湧入《紐約客》的辦公室，信件幾乎來自美國的每一個區域，包括大城市與小鄉鎮。編輯助理路易斯・佛斯特（Louis Forster）負責追蹤所有的信件，他記錄下有多少人「認同」或「反對」該報導，並定期向編輯報告。

贊同的來信者占多數——這個結果遠出乎先前的預料，畢竟美國人廣泛地支持原子彈轟炸的決定。許多來信指出赫西與〈廣島〉讓人們對核議題幡然醒悟，該文很快地改變了人們的想法，或至少讓人無法再輕易認同原子彈為必要之惡的觀點。就連艾諾拉蓋伊號（Enola Gay）的機尾炮手喬治・卡隆（George R. Caron）也致電《紐約客》辦公室要一本雜誌，艾諾拉蓋伊號就是搭載「小男孩」至廣島投放的轟炸機。

某位讀者寫道，多數人在赫西的文章問世前，對於原子彈抱持著愛國至上的態度。然而，如今那種頌揚的空話變得越來越難站得住腳，未來，使用原子彈也不會輕易獲得認可。一名讀者寫道，他對於自己繳的稅金竟促成廣島的轟炸而感到羞愧不已，也有人承認，自己的國家——這個一度被視為正義獲勝的國家——竟針對主要為平民的人口發動核攻擊，這個事實很難消化。

「我一邊讀，一邊不斷提醒自己，是我們鑄下這場可怕的悲劇。」一名讀者寫道：「我們美國人。」

有些人對赫西筆下的六位原爆倖存者與廣島的其他受害者感到同情，而有更多人表達的是他們面臨核戰爭加諸全體人類的威脅背後深刻的焦慮。一位讀者分享，他在午夜讀完報導後，徹夜不斷地驚醒，惡夢連連，另一位寫到他對於「前所未有的自我毀滅危機」感到憂心。赫西期望讀者可以設身處地站在六位倖存者的立場想像的策略奏效了——儘管許多讀者比起為轟炸行動悔恨，更害怕的是牽涉自身的戰爭。然而，即使同理的根源是自私，只要自保意識能驅使讀者們採取行動，也是有助益的。大多數的來信者認為，該篇報導對於公共福祉有所貢獻。一名住在賓州的女性甚至寄了一張支票到《紐約客》的辦公室，希望協助分攤雜誌立刻再刷的費用。（雜誌社將支票退還，並致上謝意。）

然而，也有讀者立刻取消《紐約客》的訂閱。有些人在信中斥責該報導是不愛國的共產主義宣傳，意圖削弱美國享受勝利的時刻。有些人稱〈廣島〉是傾日宣傳，某位讀者說，報導顯然偏袒某一方，也有人表示文章的「品味極差」。

「精采——了不起。」一封信寫道：「何不來寫寫南京大屠殺。」

同時，並非所有的編輯與專欄作家都讚賞赫西的報導。《紐約每日新聞》（*New York Daily News*）展開猛攻，稱〈廣島〉是噱頭與政治宣傳，並寫道：「意圖說服我們停止製造原子彈，摧毀我們的儲備武力，然後提早洩漏製造核彈的技術機密，尤其讓蘇聯獲益。」該報繼續宣稱，假設日本先取得原子彈，他們肯定會用來對付美國。

「假如戰敗的是我們，」該社論寫道：「日本人和德國人現在恐怕也忙著撰寫悲劇大作，講述原子彈如何摧殘了無數舊金山人、芝加哥人、華盛頓人或紐約客。」

《政治》（*politics*）雜誌編輯聲稱，〈廣島〉實在太乏味，他讀到一半就讀不下去，更表示讀者根本不會為受害者感到一絲憐憫或恐怖。另一位《政治》雜誌的撰稿人瑪麗・麥卡錫（Mary McCarthy）認為，赫西的文章是投機主義災難報導的最佳例證，寫作者只是消費了「那些精采自述大難不死的真實故事」。

採訪邀約鋪天蓋地而來，友好或敵對的刊物兼有。由於赫西本人依然隱遁在數百哩外的藍嶺山脈，採訪者的目標因此全轉向羅斯。《紐約客》本身也成為矚目的焦點，讀者不禁對他們的故事感到好奇且困惑——這間小而奇特的幽默雜誌社，究竟是如何搶得轟動全球的戰爭大頭條？他們在戰時可是被美國政府視為「非必要」，甚至因而無法獲得較高的紙張配額。某刊物寫道：「《紐約客》的編輯是一群出了名的硬漢。」這讓故事更加耐人尋味——他們是如何不得不做這篇彰顯沉重人性課題的戰爭報導，繼而在雜誌史上締造傳奇？《新聞週刊》登出三頁的〈廣島〉幕後祕辛，詳述這個被列最高機密的計畫的完整始末——從決定以單期全文刊登，到羅斯與蕭恩親自將稿件送進印刷廠。

羅斯的辦公室也數度接到代表赫西老東家《時代》雜誌的一名年輕女性的來電，提出訪談邀約。羅斯心生警惕，畢竟那是他的死對頭魯斯的雜誌，還是赫西移情別戀前的舊愛，但最終他還是以替報導增加曝光為由，放下戒心同意受訪。該名女性現身《紐約客》辦公室時，身邊帶著另一位《時代》雜誌的撰稿人。接下來的訪談態度極度不友善。《時代》雙人組對羅斯嚴刑拷打似地交替詢問——關於辦公室的運作，與赫西在廣島實地採訪的狀況——過程相當令人不快。

「他們倆演了一齣我在新聞界見過最該死的爛戲。」羅斯後來告訴赫西：「那兩個渾蛋打從一開始就不懷好意……我確定那位作家大多時間都一臉輕蔑。」《時代》雜誌很快便刊出關於〈廣島〉的報導，完全應驗了羅斯的懷疑。

「到了二十一歲，《紐約客》總算覺得自己長大了，該負責任了。」報導如此開頭道。他們表示形同業餘人士的《紐約客》編輯，基本上只是碰巧撿到赫西的獨家並將它變成譁眾取寵的招數，而赫西的文章也被《時代》團隊貶為一段

「世界末日記錄片」。《時代》語帶嘲諷地斷言，《紐約客》的編輯整期只刊了赫西的報導，因為雜誌正值夏季的低迷期，而羅斯也被刻畫為不成熟且不敬神的投機分子。

「總編輯羅斯坦言他（在進行〈廣島〉計畫期間）開始有一點點信仰，並宣稱如果遇到同樣好的作品，他準備再幹一回。」《時代》如此結論道。

假如一度是魯斯準接班人的赫西以為，對方可能因為自己在《時代》待了七年而念及舊情並在評論中高抬貴手，那麼他真是大錯特錯了。對魯斯而言，赫西就是個忘恩負義且至今尚未悔悟回頭的浪子。魯斯因為赫西為《紐約客》寫了〈廣島〉而大為震怒，因此憤而將赫西的肖像從公司的榮譽名人畫廊中撤掉。

我掩蓋了事實

時間漸漸過去，〈廣島〉引發的熱潮仍持續延燒，不僅是因為報章雜誌狂熱的介紹，更是電臺報導不斷推波助瀾的結果。美國廣播公司電臺網公共事務部主任羅伯・索戴克（Robert Saudek）在讀過文章後立刻與《紐約客》聯繫，希望能播出廣播改編。他承諾，廣播改編將「原封不動」地呈現，赫西也會擁有劇本的事先核准權。屆時不會有演技詮釋、配樂或額外效果，而會單純地直接朗讀文章，由六位演員分別朗誦〈廣島〉六位主角的故事，而參與演員的身分到最後一集的結尾才會公布。他們接受了索戴克的提議。

約瑟夫・朱利安獲選朗讀谷本牧師的部分，他曾以紅十字會電臺記者的身分，在廣島遭轟炸之後派駐當地，甚至在赫西進入廣島之前便曾親自採訪過谷本牧師。（關於獲選朗讀谷本牧師部分的故事，朱利安後來表示：「我樂於參與任何為廣島賦予人性溫度的機會，好避免事件被壓縮成一整段冷冰冰的統計數據。」）他記得，自己親眼目睹被原子彈蹂躪的城市之後，「才明白『世界末日』的完整意涵」。曾在指揮艦安貢號（USS Ancon）的甲板上錄製了著名的「D-Day」諾曼第登陸日廣播報導的記者喬治・希克斯（George Hicks），將擔任廣島系列節目的主持人，節目於九月九日星期一晚上九點半開播。

「我們呈現這部記錄了苦難與毀滅的作品，目的絕非為敵人護航。」主持人向聽眾保證。相反地，他們是希望「藉由廣播的放送發出警訊——一年前降臨在廣島人民身上的噩運，可能在任何地方重演」。

〈廣島〉的朗讀版連續四晚在廣播中播出。索戴克告訴赫西，廣播結束後電臺的電話總機陷入癱瘓；他也告訴《紐約客》團隊，據他所知，廣島系列節目獲得所有公共社會性節目的最高收聽率。（索戴克與ＡＢＣ後來憑此節目榮獲皮博迪獎〔Peabody Awards〕時，皮博迪委員會讚賞了赫西與《紐約客》的「年度獨家報導」。）

幾週後，英國廣播公司（ＢＢＣ）也播出〈廣島〉的廣播版，播送一結束，其他五百多家美國電臺也報導了赫西的文章。

許多廣播評論人稱〈廣島〉為警世故事，它持續對人們發出警告——不過多久，每個人、每個地方都無法置於核戰爭的威脅之外。「閱讀赫西的敘述，你實在太容易……將文中的日本姓名代換成美國人的名字。」紐約的廣播評論人比爾・萊諾（Bill Leonard）說：「太容易將廣島脆弱的樓房，想像成紐約堅固的建築。」他建議他的聽眾去閱讀赫西的文章，並說：「然後，也許再讀第二遍。因為這也是紐約。」

美國的重量級評論人雷蒙・史溫（Raymond Swing）的節目在全國一百三十五個電臺播送，深具影響力，他提醒聽眾，原子彈對多數美國人而言始終是個抽象的概念，而赫西的文章清楚地說明了美國發動的核彈攻擊，究竟帶給人類同胞造成何種命運。一旦美國不再享有當前的原子霸權，「這個國家恐怕沒有多少人可以度過赫西在《紐約客》報導的人物所遭受的不可思議的折磨」。在另一個節目上，廣播主持夫妻檔艾德與佩姬・費茲傑羅（Ed and Pegeen Fitzgerald）預測，該報導將徹底遏止原子彈笑話。

「我絕對不會再拿它開玩笑。」艾德承諾。

「我也絕對不會。」佩姬答道。

若是轉到某個電臺節目，聽眾多半不可能知道，節目的其中一名主持人參與了美國政府掩蓋廣島事實的初期行動。美國陸軍航空兵團的麥凱瑞中校——即一年前策畫首批政府招待記者團赴廣島與長崎採訪的負責人——離開了「頭條號」、「即時號」與軍旅生涯。

此後他遷居紐約，與妻子金珂絲・法肯珀（Jinx Falkenburg）連袂主持NBC的晨間廣播節目《嗨！金珂絲》（*Hi Jinx*）。（兩人的演藝綽號分別是「大腦先生」和「美女太太」。）

自從帶領記者團赴廣島和長崎探查之後，麥凱瑞私底下一直掙扎於自己在當地所目睹的一切。原子彈首度用於戰爭代表著何種意涵，這件事持續困擾著他。他認知到，人類將無可避免地製造出比「小男孩」和「胖子」更大且破壞力更強的核彈，並對他所知的文明構成威脅。然而，他在自己的廣播節目上討論〈廣島〉與赫西時，卻對他曾經參與早期封鎖報導的行動，並壓下可能揭露原子彈破壞程度的報導一事避而不談。

九月四日，法肯珀在節目上對麥凱瑞說：「你知道嗎？德克斯，那天你提到約翰・赫西寫的《紐約客》文章，我聽說出版一天，書報攤的雜誌就全部銷售一空。我實在不懂。為什麼大家突然對一年前的事這麼感興趣？廣島已經是舊聞了。」

「某種程度上是沒錯，金珂絲。」麥凱瑞答道：「不過一旦你發現原子力尚未被征服或束縛，你就會明白廣島並非舊聞，甚至再也沒有比此刻更即時……廣島和長崎的故事，一度列為最高機密的曼哈頓計畫的故事，都跟命運一樣依然具新聞價值。」

他簡短敘述自己與那些他匆匆護送穿過廢墟的新聞記者們一起見證廣島慘況的經歷，他們都是老練的美國戰地記者，但所有人還是為眼前的景象大為震驚。那對他們每個人而言都是可怕的一天。

然而，麥凱瑞並未提到他的記者團專機裡掛著一枚「審查通過」章，對於自己如何冷處理廣島原爆後的真相亦隻字不提。麥凱瑞也沒論及，新聞記者在麥克阿瑟將軍統治下的日本，受到何等近乎全面壓制的待遇，或記者撰寫的轟炸報導忤逆政府時，會如何面臨驅逐出境或監禁的要脅。相反地，麥凱瑞向他的聽眾解釋，赫西之所以能取得廣島的獨家報導，而非那些更早抵達現場的記者團，是因為赫西的能耐根本「超乎記者」，他有辦法將故事述說得更精湛。

不過後來，麥凱瑞終於承認自己曾阻撓記者團，讓他們無法如實報導在原爆城市目睹的一切。

「我掩蓋事實，而赫西揭露事實。」他說：「這就是公關人員與記者的不同之處。」

立刻載入史冊

戰爭期間，好萊塢生產了大量將日本人描繪為「黃禍」的電影，如今許多業界高層卻想利用〈廣島〉的成功。赫西的文章一出版，《紐約每日新聞》就酸溜溜地報導電影大老們「手捧鈔票蜂擁而至」。不論是否真的手捧鈔票，上門詢問的好萊塢高層一律踢了鐵板。赫西——以及他的《紐約客》團隊——一致決定，未來將不會有廣播劇版本，而「電影和戲劇授權事宜亦無需進行討論」。製片、經紀人與片廠高層確實紛紛表達讚賞，並持續打探電影授權。一、兩週內，赫西就收到了好幾份報價。

赫西的知名度，很快便與可能出演〈廣島〉重點電影的演員並駕齊驅。假如赫西在〈廣島〉之前就以普立茲獲獎作家聞名，那麼此時他的名氣已經竄升至另一個層次。許多刊物不僅報導了〈廣島〉，還連同刊登了赫西的人物側寫與照片。秋末，赫西接獲通知，他入選名人資訊與研究服務公司（Celebrity Information and Research Service, Inc.）的「一九四六年十大傑出名人榜」，其他入榜者還包括時任陸軍參謀長的前美軍最高指揮官艾森豪將軍（Dwight D. Eisenhower）、歌手賓・克羅斯比（Bing Crosby）、演員勞倫斯・奧立佛（Laurence Olivier）、瓊・克勞馥（Joan Crawford）和英格麗・褒曼（Ingrid Bergman）等。（好萊塢八卦專欄作家露艾拉・帕森絲〔Louella Parsons〕在電臺廣播宣布名單時，羅斯還對赫西和蕭恩竊笑說：「帕森絲小姐沒嘗試去唸『廣島』這個字。」）

有些《紐約客》讀者發電報或去信雜誌社表達心聲，認為赫西的廣島報導應為他再贏得一座普立茲獎。彼時，《紐約時報》的「原子比爾」・勞倫斯，甫以政府支持的「長崎原子彈轟炸目擊記述，以及後續關於原子彈的研發、生產與重要性的十篇系列文章」摘下普立茲報導獎。羅斯為滿心希望〈廣島〉獲得同樣榮譽肯定的粉絲帶來失望的消息，他告訴讀者，由於普立茲報導獎只頒發給報紙報導，所以赫西不具資格。

〈廣島〉出版後，美國國會圖書館（Library of Congress）立刻爭取典藏文章的初稿，採購總監告訴赫西，那是現代最重要且最引人矚目的文件之一。然而，儘管赫西在雜誌發行時不願參與宣傳，但他顯然很有歷史傳承的概念。他承諾將〈廣島〉的初稿連同他的註記，贈予母校耶魯大學的圖書館，耶魯校方喜出望外，甚至發布新聞稿宣布獲得藏品的消息。（得知贈送之事的羅斯起初相當惱火，他質問一名主管：「我可以請問，（赫西）是如何拿到（初稿）的？」至於他是否得到答覆則不得而知。）〈廣島〉引發的轟動超過先前的任何一篇文章，並且很快就將以書籍的形式繼續流傳。在八月三十一日當期的雜誌出刊前，羅斯就將文章的樣張寄給克諾夫公司（Alfred A. Knopf, Inc.）——即出版赫西的《阿達諾之鐘》、《巴丹半島的男人》、《走入死亡幽谷》等作品的出版社。「這本書肯定會賣翻。」羅斯告訴阿弗雷德・克諾夫（Alfred Knopf），而克諾夫準備打鐵趁熱地於十一月一日出版，首刷五萬冊，「盡可能全面攻占市場」。另外，他們與每月一書俱樂部（Book-of-the-Month Club）的合作案也即刻敲定，快馬加鞭與克諾夫版本同步推出——每月一書俱樂部為書提供了巨大的宣傳平臺，向將近一百萬名的會員寄發《廣島》的推薦書訊。該俱樂部肯定地說，這本書「勢必將成為我們這一代最被廣泛閱讀的書」。

「你很難想像還有什麼其他的書寫作品，對人類的重要性能與之比擬。」每月一書俱樂部補充道。

在英國，企鵝出版社（Penguin Books）亦準備推出他們的《廣島》版本，印量為二十五萬冊；書一出版，便在數週內宣告售罄。赫西的報導成為全球性的現象，它在世界各地的報紙連載，並且——如同克諾夫不快地指出，並讓《紐約客》大為光火——也被世界各地的報紙盜版轉載。駐中國的編輯蘭道·顧爾德（Randall Gould）寫信告知赫西，他發現《大美晚報》（*Shanghai Evening Post*）竟出現他的文章。顧爾德說，要在那裡處理正式的授權轉載是天方夜譚，他表示：「如你所知，這裡毫無著作權的概念。中國就愛偷。」儘管如此，他仍致上恭賀。

顧爾德對赫西說：「《廣島》已讓你載入史冊。」

第七章　餘波

形象問題

麥克阿瑟將軍的駐日盟軍總司令部辦公室核准赫西入境日本，並允許他進入廣島，東京與華府的聯邦調查局官員亦知悉他在日本一事；在廣島的期間，赫西一直在美國憲兵隊住宿，而格羅夫斯將軍在赫西的報導出版前也對文章內容完全知情。儘管如此，〈廣島〉的問世仍令政府高層措手不及。他們很快便與全新聞界一同痛苦地發現，廣島與長崎的轟炸並非明日黃花，此外，他們先前嘗試編造與封鎖新聞的努力也已完全一敗塗地。

美國戰爭部長亨利・史汀生（Henry L. Stimson）的助理麥喬治・邦迪（McGeorge Bundy）後來坦言，他們所有人讀完文章後都精疲力盡。〈廣島〉讓時長超過一年、橫跨兩大陸設法掩蓋廣島與長崎原爆後真相的行動功虧一簣，格羅夫斯將軍的得力助手法雷爾將軍，在一年前率先赴原爆城市調查殘餘的輻射，並宣告兩座城市對即將進駐的占領軍安全無虞。他讀到赫西的報導時大為震怒，顯然不知道自己的戰時老闆事先給了綠燈並批准出版。

「美國人遺忘得太快。」法雷爾將軍在給聯合國原子能委員會（United Nations Atomic Energy Commission）美國代表伯納・巴魯克（Bernard Baruch）

的信中寫道。他說：「比起在廣島受傷的日本人，那些遭球棒持續毆打、忍飢挨餓的美國士兵更能觸動我。」

巴魯克與羅斯、蕭恩和《紐約客》的發行人拉烏・費萊希曼（Raoul Fleischmann）有私交，法雷爾將軍慫恿他，要雜誌高層也刊登一篇報導六位盟軍戰俘的文章。這些戰俘應能描述日軍的殘忍虐待，而他們也有權對使用原子彈的議題表示意見。

格羅夫斯將軍並未公開提及，自己在〈廣島〉問世的過程中扮演何種意想不到的角色，他倒是發現，赫西的文章有立即的實用性。〈廣島〉特刊出版後不久，蕭恩收到一封戰爭部公關人員的來信，信中告知，格羅夫斯將軍甫在堪薩斯州李文沃斯堡（Fort Leavenworth）陸軍基地的陸軍指揮參謀學院（Command and General Staff School）演講，並提到了赫西和〈廣島〉。格羅夫斯將軍當日的演說主題為「核戰爭的未來」，他表示美國必須為日後與新敵人之間可能爆發的核戰做好萬全的準備——假如美國遭受核武器攻擊，陸軍必須預備好自己的新角色。美國的地面部隊需要研究對日本的核攻擊，從中了解「我們的城市被原子彈轟炸時，如何援助我們自己的人民，並控制受害人數」。

「之前，我們恐怕一直沒完全明白原子彈攻擊所造成的災難。」格羅夫斯將軍表示。

為此，他宣布，所有在場的官兵都需要研讀赫西的〈廣島〉。事實上在他看來，那應該是所有美國軍官的必讀文章，該文中對於原爆影響的描述可以成為寶貴的準備工具，幫助軍方在應對未來的攻擊時，得以採取訓練有素、裝備精良的軍事行動。（向蕭恩通報演講一事的公關人員亦告知，軍方內部對於該篇報導有極大量的需求。）

在太平洋彼岸的麥克阿瑟將軍也發現類似的用處，他在讀到〈廣島〉時的第一反應無從知曉，但毫無疑問地，華府的所有人都知道駐日盟軍總司令部最初批准赫西進入廣島。令美國政府大感尷尬的是，在世界的其他國家看來，〈廣島〉具備一切揭密性報導的性質，讀起來彷彿赫西是偷偷潛入日本，並在駐日盟軍總司令部的眼皮底下神不知鬼不覺地取得獨家。

然而，麥克阿瑟將軍與他的競爭對手格羅夫斯將軍一樣，並未公然表露對該報導感到窘迫或憤怒。果不其然，後來有另一名戰爭部公關官聯繫了《紐約客》並提出要求——「能否說服赫西同意授權製作〈廣島〉的特別版？」

該軍官寫道：「據我理解，麥克阿瑟將軍計畫印製該文，作為遠東戰區軍隊內部的訓練用材料。」

儘管麥克阿瑟將軍與格羅夫斯將軍發現赫西的報導有其軍事用途，但整體而言，美國政府作為擊敗法西斯主義和暴政的勝利者，如今突然面臨了嚴重的後〈廣島〉形象危機；從世界的救世主變成遂行種族屠殺的超級強權，這是他們絕不樂見的逆轉。赫西遍布全球各地的讀者如今要重新評估美國的道德優越地位，並強烈地希望得知，為何揭露的這些事實需要超過一年的時間才曝光。倘若如此重大之事都可以成功瞞過大眾，那還有什麼是隱瞞不了的？美國政府還隱藏了什麼關於這種新型武器的資訊？赫西在〈廣島〉中寫道，威力更強、更可怕的原子彈正在研製當中的說法是否正確？

〈廣島〉掀起的憤怒言論持續出現。赫西的報導發表後一、兩週，《週六文學評論》專欄作家卡森斯便寫了一篇嚴厲的回應，該文格外激怒了政府的高層。

「我們知道……往後幾年日本將有數千人因原子彈釋放的放射性而死於癌症嗎？」他寫道。原子彈實際上無異於死亡射線，而用其對付人類無異於犯罪，他表示。再者，美國幾乎肯定會在下次戰爭使用原子武器，這絲毫未顧慮到美國的多處人口稠密區，國家的人口特別容易遭受嚴重的傷害。卡森斯寫道，赫西和《紐約客》敲響了關鍵的警鐘，但美國人正面臨一場全面的危機，每個人都必須承認與面對美國在去年夏天打開的潘朵拉的盒子。

媒體圈外的重要人士也開始出聲譴責，抨擊排山倒海而來。太平洋戰區的第三艦隊指揮官、綽號「蠻牛」的海軍五星上將小威廉・海爾賽（William F. "Bull" Halsey Jr.）在記者會中表示，投放原子彈實為不必要的實驗，是軍事上的錯誤。

「在沒有必要的情況下，為什麼要向世界展示這樣的武器？」他說：「（美國）有這個玩具，很想試試看，所以就投了，結果殺死很多日本人。但日本人老早就透過俄國伸出橄欖枝試探。」

部分創造出「這個玩具」的科學家也公開承認，自己對於參與其中有所疑慮。早在對日本投下原子彈前，一群曼哈頓計畫的資深科學家便私下遊說當權者不要使用原子彈，請求美國政府改為公開展示原子彈的威力。他們提出警告，一旦使用原子彈攻擊日本，美國「將失去全世界公眾的支持，加速促成軍備競賽」。

美國在廣島和長崎投下原子彈後不久，有「原子彈之父」之稱的曼哈頓計畫科學家歐本海默公開談及自己內心的衝突，他在一次演講中說道：「假如一個交戰中的世界或準備開戰的國家，他們的武器庫增添了原子彈這種新武器，那麼總有一天，人類會詛咒洛斯阿拉莫斯與廣島。」

物理學家愛因斯坦一直努力不懈，對核武器的危險發出警告——因為他的公式「$E=mc^2$」，研究者得以量化計算核爆炸可能釋放的巨大能量——就在戰前，他提醒羅斯福總統注意德國嘗試製造原子彈的警訊。愛因斯坦並未參與曼哈頓計畫，也否認個人與原子彈的問世有任何直接的關係。在他看來，核武器的出現對於人類的存續構成災難性的威脅，他曾憂心忡忡地預言表示，世界各國在戰後將競相成為擁核大國，這可能引發更可怕的毀滅。

「今天，參與製造史上最強大且最危險武器的物理學家們，就算說不上內疚，至少也同樣因責任感而備受煎熬。」廣島和長崎遭轟炸後，愛因斯坦在紐約亞斯特飯店（Hotel Astor）的演講中如此說道，而演說的地點就在《紐約客》辦公室附近。就在《廣島》上市的前幾週，愛因斯坦告訴《紐約時報》，如今火箭已經可以搭載原子彈，這使得世界上幾乎每個人口密集區都可能遭受毀滅性的核武攻擊。他呼籲美國人馬上停下日常的活動，思考廣島以及進入原子時代的意義。

「我們必須將原子能的知識帶去人民的廣場。」他說：「從那裡，必將匯聚出美國的聲音……我們不能交由將軍、議員和外交官決定。」

後來，愛因斯坦聯絡《紐約客》的發行人費萊希曼並談起〈廣島〉，他表達對該文的深刻讚賞，並希望能翻印一千份寄發給全球的頂尖科學家。他的請求獲得同意。

愛因斯坦寄出〈廣島〉時附上一封介紹信，信中寫道：「赫西先生真實地描繪了（原子彈）對人類造成的駭人影響……（他們）承受了一枚原子彈爆炸導致的空前摧殘。」他又說：「文中描繪的景象攸關人類的未來，必定會令所有富責任感的人們深感憂慮。」

對於部分美國官員及毫無悔意的曼哈頓計畫高層人士而言，這一波波批判的強烈殺傷力，如同盟軍占領之初從日本發出的初步新聞。他們必須立刻——再次——採取行動，控制輿論的擴散，創造對己有利的說法。

釐清歷史

詹姆斯・科南特（James B. Conant）是哈佛大學校長兼曼哈頓計畫顧問，他在讀到赫西的報導時，剛結束他在新罕布夏州白山（White Mountains）近一個月的假期。〈廣島〉讓他大為震撼，這篇文章扭轉了輿論，使民眾轉而反對原子彈與其創製者——更不用說，還動搖了美國人對他們作為領導者的信心。赫西的報導不僅暴露了政府對美國大眾的隱匿行為，損害國家的道德地位，更可能危及民眾對於未來核武製造與整備的支持，最後這點推論與格羅夫斯將軍冀望的正好相反。

科南特是一名化學家，他參與推動軍事科學發展的資歷很深——第一次世界大戰期間，他帶領了毒氣的生產計畫；第二次世界大戰時，他則獲得羅斯福總統的欽點，以主要科學家的身分協助指揮曼哈頓計畫（有些人稱他為該計畫的「大公爵」）。此刻，一九四六年的秋天，眼見他的科學家同僚表示對於參與製造原子彈而感到內疚，他不禁心生厭惡與不屑。（某位曼哈頓計畫的科學家坦言：「我讀到赫西的《紐約客》報導時哭了。」報導令他充滿羞愧，尤其在回想到一年前曼哈頓計畫的領導高層對於廣島轟炸新聞「興奮叫好」的反應之際。）科南特相反，他並不後悔自己力主對日使用核武。

「戰爭在倫理層面上與和平全然不同。」他後來表示。科南特立刻寫信給麥喬治．邦迪的父親哈維．邦迪（Harvey H. Bundy），後者曾擔任戰爭部長史汀生的原子事務特別助理。科南特說，最近有許多針對廣島轟炸「放馬後炮」的言論，非常危險，並附上《週六文學評論》剪報以示證明，即卡森斯讀完〈廣島〉後義憤填膺寫下的社論。科南特告訴邦迪，這些對於廣島轟炸的憂慮全是矯情，然而即使他相信「這些長篇大論」只是少數的立場，但不幸的是，他們是得以暢所欲言的少數。

科南特堅持道：「我認為當務之急是準備一份事實的陳述……澄清當初決定對日使用原子彈的真實情況。」假如不採取行動去反擊「這群所謂的知識分子」——即赫西與卡森斯等作家——發表的負面言論，他們可能會影響下一代的觀念和印象，並進而扭曲歷史。

廣島的負面報導也令杜魯門總統心煩，尤其有關指控美國未經審慎思考便魯莽轟炸廣島和長崎的部分最令他惱火。

「早在決定投下原子彈之前，日本人便事先獲得合理的警告，並收到提議的條件，而最終他們也接受條件了。」他在給卡爾．康普頓（Karl T. Compton）的信中寫道。康普頓為政府臨時委員會成員，該委員會成立的目的在於給予杜魯門總統使用核武器的建議。「我認為是原子彈使他們接受了條件。」杜魯門寫道。

然而白宮對於赫西與〈廣島〉的話題始終避而不談，或許他們企圖藉此淡化它的重要性，這點讓羅斯很惱怒。他後來讀到《紐約郵報》（*New York Post*）的一篇文章中寫道，杜魯門總統被問及是否讀了赫西那篇引發轟動的報導。文中引述杜魯門總統的回答：「我從來不讀《紐約客》。讀了總是火大。」

羅斯決定直搗蜂窩。他寄了一封信——以及三本〈廣島〉特刊——給總統的白宮發言人洛斯，並敦請他提醒杜魯門總統留意赫西的報導。洛斯的回信相當友善，他說自己是《紐約客》長年的忠實讀者，不過關於總統是否讀過或知道赫西的報導，他的說詞閃爍。

「總統先生可能已經讀了赫西的文章，也可能還沒。」洛斯寫道：「我會確保他收到你寄來的雜誌。」

杜魯門總統與科南特得出同樣的結論，認為必須再次盡速修正原子彈的相關記錄。他們必須轉移美國以及國際輿論的焦點，使對話不再圍繞著赫西所描繪的焦黑遺骸、飽受輻射疾病所苦的年輕家庭等畫面打轉。政府必須重申官方立場的重點——對日本投放原子彈提早結束了戰爭，並且拯救了雙方的無數生命；若非如此，日本絕不可能投降，必會戰到最後一兵一卒，造成曠日廢時的血戰。

杜魯門總統暗中聯繫前戰爭部長史汀生，請他整理一份公開的聲明。史汀生在一九四五年九月日本投降儀式後幾週便已退休。「我已要求……史汀生蒐集所有事實，彙整成記錄。」他在給康普頓的信中寫道。

科南特同樣認為「沒有人比史汀生先生更能勝任此任務」，並曾單獨與他洽談，史汀生當時正在位於長島的宅邸撰寫回憶錄。科南特造訪史汀生家，並於午餐席間遊說這位前政治家接下重整聲明的任務。科南特認為，這份聲明應該像〈廣島〉一樣以文章的形式發表，並且看起來絕不能像是企圖「明顯轉移注意力或忽略原子彈的殘酷後果」，也不能以一種迫不及待、亟欲奪回戰後道德制高點的姿態呈現。文章必須流露一種冷靜的權威，由一位值得信任的人物慨然出面，寬宏大度或甚至縱容地，平息一些不必要的歇斯底里。

「聲明主要應該呈現事實，不需去過度爭辯原子彈的軍事必要性。」科南特建議。

史汀生是一個聰明的人選，他可以奪回廣島討論的主導權，並發揮安撫民心的作用。他自一九四三年起擔任總統的原子能軍事應用的資深顧問，並協助選擇廣島作為原子彈的投放目標。他展現出冷靜安定的個人形象，曾被《紐約時報》形容擁有「一種對朋友而言，有時近乎痛苦的正直」。

史汀生同意承擔這項任務，但私底下卻抱持著強烈的保留態度，他告訴一位朋友，自己是科南特選來反擊所有負面新聞的「受害者」。他的另一位朋友後來回憶道：「史汀生在決定（投原子彈）之前，思量著將原子彈投在那樣偌大的城市、讓平民成為轟炸目標的種種後果，夜不成眠。」先前對東京的燃燒彈攻擊已讓史汀生憂煩不安，他坦言：「我不希望讓美國獲得暴虐更勝希特勒的名聲。」科南特的要求促使他陷入痛苦的自我追問。

計畫一旦展開，「昔日戰爭部的老隊友網絡也隨之啟動」，投入研擬反駁聲明的任務，一名科南特的傳記作者寫道。哈維・邦迪、史汀生的前助理喬治・哈里森（George L. Harrison）、戰爭部歷史記錄者魯道夫・溫納克（Rudolph A. Winnacker）等人皆貢獻了內容資料與使用語彙，而哈維・邦迪之子麥喬治則擔任計畫助理協助史汀生。

十一月六日，格羅夫斯將軍興高采烈地捎來他對反駁文章的意見。他寫道，聲明稿需「極為精練且傑出地描述整個計畫」，他也告訴昔日同僚，現在亟需出現這樣的一篇文章，並努力強調自己在整個投放原子彈的決策過程中扮演的要角。至於格羅夫斯將軍是否向史汀生的聲明稿團隊透露，他親自核准了赫西文章的出版，這就不得而知了。

有人建議史汀生團隊聯繫魯斯的《生活》雜誌商談刊登，因為《生活》雜誌擁有龐大的發行量，但科南特提議較嚴肅的《哈潑雜誌》（*Harper's*）。《哈潑》先前亦相當關注〈廣島〉，稱其為「驚人的報導」，甚至針對少數負面的評論為赫西捍衛。不過，《哈潑》收到史汀生團隊的主動接洽後，便同意刊登史汀生的文章——此時換了新標題「使用原子彈的決定」——作為一九四七年二月期的封面故事。

最後的修改階段，科南特似乎參考了赫西的編輯策略，建議其他撰文者避免使用情緒性的呼告與誇張的語言，維持「純粹陳述事實」的原則。「他們應該刪除所有戰爭部長看似在證明自己的主張或將決定合理化的部分。」他指示道。「倘若文章幾乎完全專注於陳述事實，對方陣營將難以提出反擊。」

科南特在《哈潑》發行前的預印樣書中讀到完稿時，相當滿意團隊的努力成果。他對史汀生說，文章呈現得恰到好處，他們無法容許「反對使用原子彈的政治宣傳……繼續肆無忌憚地擴大」。

但事實上，史汀生在文章即將定稿的最後一刻，仍充滿了緊張不安的情緒。「對於與自己相關的文稿，我很少到最後一刻仍有如此多的疑慮。」他告訴友人。「我想，以列舉的方式呈現悲劇的各個階段，恐怕會嚇到我的許多朋友，他們過去認為我是位善良的基督徒，但在讀完文章後，可能會感覺我冷血又殘酷。」

杜魯門總統的來信可能安撫了這位被選定的安撫者，或至少讓他堅定決心。「我想你比其他人都更了解整體的情況與事實。」杜魯門總統告訴他，並提醒他身負「釐清歷史」的任務。史汀生回覆表示，他希望文章能成功地反擊持續為他們製造麻煩、「相當棘手的那群人」。

重振精神後，史汀生親自將一份文稿寄給被赫西背棄的導師——亨利・魯斯。他們也許可以被信賴，魯斯想必會格外熱心地為這篇文章宣傳。

我們應獲得褒揚

科南特與史汀生的團隊依循《紐約客》的範例，以不帶感情而只陳述事實的筆調書寫，然而《哈潑》的編輯在設計該期封面時，卻採取了與羅斯和蕭恩完全相反的策略——他們在醒目的紅白背景上，印著斗大的黑色字體文案：

亨利・史汀生

前戰爭部長

親自說明使用原子彈的理由

史汀生等人撰寫的〈使用原子彈的決定〉與赫西的文章一樣轟動了媒體。

假如〈廣島〉狠狠戳痛了美國人的良心，那麼史汀生的這篇文章便是人們樂見的救贖，儘管是麻醉劑。赫西將政府與軍方釀成核浩劫並試圖粉飾太平的事實曝光之後，許多美國人都渴望官方出面消除疑慮。

史汀生刊登於《哈潑》的文章將政府的官方主題加以修改，並提出新的變體，其間穿插了看似坦白的說法以及自己的揭露內容——沒錯，以他們之名所投下的原子彈確實造成毀滅性的破壞，然而，原子彈是絕對必要的，若要結束與日本的戰爭，這是「我們最不可憎的選擇」。在史汀生的重述中，核武再度被描繪為人道的選項；不像格羅夫斯將軍，他並未試圖說服美國人輻射毒害是「非常愉快的死法」，但他堅稱原子彈也拯救日本人免於自我毀滅。史汀生與其他決策者認為，原子彈帶來的極度震撼，似乎是迫使日本投降最可靠的方法，而此過程「挽救的生命，不管是美國人與日本人，都數倍於……爆炸犧牲的生命」。同時，它亦使日本免於遭受進一步的燃燒彈空襲，並得以自盟軍對諸島施加的「窒息性封鎖」中解脫。

在這篇簡化的反擊文章裡，史汀生未提及赫西的名字，或其他義憤填膺撰寫社論回應〈廣島〉的任何一位作家，使得席捲全國的抗議聲浪聽來更像是無聲的反對。「最近幾個月，有許多關於決定（對日本）使用原子彈的評論。」他以一種參加花園派對的口吻說道，表示他提出自己的意見，乃是希望回應「所有可能感興趣的人」的擔憂。

〈廣島〉的一大重點是有十萬名日本人死於原子彈轟炸的統計數據，而史汀生則提出一些自己的反面新統計數據。他在文中表示，一九四五年七月，美國情報單位預計日軍仍有多達五百萬的兵力，並有五千架自殺式攻擊飛機可用。他提醒讀者，日本軍人「已充分展現其戰到至死方休的能力」，而每發動一次陸地進攻，「僅美軍就可能有一百多萬人傷亡」。（儘管杜魯門總統在一九四五年七月獲得的軍方資料所預測的是，全面入侵可能導致四萬名美軍死亡與十五萬人受傷，然而「一百萬人傷亡」的這個數字仍不斷在史汀生的文中被反覆強調。）至於海爾賽上將在公開聲明中所稱——「日本人早就伸出橄欖枝」並試圖透過向當時美國的官方盟友蘇聯乞和以示投降的這點，史汀生並未回應。

為何美國不乾脆在一個無人居住之處展示原子彈的威力，藉以迫使日本投降？史汀史表示，該想法「被認為不切實際而未採用」，因為原子彈的製造者尚未完全熟悉自己創造的武器，他們甚至不確定從飛機投下時能否順利引爆。「最可能傷害我們爭取對方投降的努力的，莫過於意圖展示威力以示警告，最後卻成未爆彈。」

無論如何，史汀生說明，美國亦沒有多少原子彈可用於火力展示。日本人必須以為美國有源源不絕的彈藥供應——在轟炸長崎之後，還會接二連三地繼續投放，直到日本被徹底毀滅為止。這種對於原子彈會「不斷來襲的恐懼」，正是重挫日本人士氣，使其終至投降的原因。事實上，史汀生表示，一九四五年八月，美國僅有兩枚原子彈可用，分別在廣島與長崎投下——幸運的是，虛張聲勢的策略奏效了。就這層意義上，原子彈不僅是一種「造成強大破壞的武器」，更是一種「心理武器」。

最終，美國做了正確的決定，他聲稱：「我所見的一切證據都顯示，促使日本決定接受投降條件的關鍵因素是原子彈。」他並未提及，就連政府自己公布的美國戰略轟炸調查團報告中亦明白寫道：「我們並不能說……原子彈使實現和平的領導人相信投降的必要性。」該報告補充，對方事實上在五月即做出投降的決定，而那是在原子彈投下的三個月前。

史汀生的文章迴避不談廣島與長崎受害者所承受的極端痛苦，甚至也未承認原子彈的放射性，只表示它們具有「革命性的特點」與「世人普遍不熟悉的性質」。史汀生寫道，在他和參與建造原子彈的人們心中，原子彈「與現代戰爭中使用的其他致命的爆炸性武器同樣具正當性」。事實上，原子彈更被視為能避免傷亡的利器，「任何處於我們的位置、背負相同責任的人，手上握有可能實現這樣的目標與拯救大量生命的武器時，絕不可能在不使用它時，不覺得愧對於國家的同胞」。

史汀生的這篇文章被視為官方首度針對原子彈使用之背後考量發表聲明，數百家曾報導〈廣島〉的新聞媒體，如今也競相報導史汀生的文章。杜魯門總統讚許史汀生的表現，說他將澄清歷史的任務完成得「非常好」。其他撰文者也同樣對史汀生——與自己——表示恭賀。

麥喬治・邦迪在信中對史汀生說：「我們讓那群喋喋不休的人閉嘴，應該要獲得表揚。」

無法抹滅的事實

然而，史汀生的文章並未讓所有「喋喋不休的人」噤聲，也未能扼殺抗議活動、抹去廣島浩劫的影像，或平息廣泛存在、對於未來核武衝突可能性的焦慮與恐慌。正好相反，〈廣島〉的影響力在《哈潑》刊出反駁聲明後仍持續擴大——有許多讀者確實在《哈潑》的說明中獲得了安慰與解釋，但對其他人而言，史汀生的聲明絲毫未回應其文發表前社會上已經提出的迫切疑問，更不用說，對於政府多大程度掩蓋原子彈的資訊與後果，文中也未置一詞。

一年前可能接受史汀生一文並為之宣傳的刊物，如今也對他們的回應顯得更為保留，此種新的謹慎態度顯示，戰時的合作夥伴之間已開始出現裂痕——在戰爭期間，媒體或許扮演了政府和軍方的合作者角色，但一年後的現在，他們開始具批判性地審視過去的隊友。

魯斯的《時代》與《生活》雜誌拒絕給予史汀生的文章任何具份量的關注，僅在《時代》的「國內事務」欄目摘要了史汀生文中提出的要點；《紐約時報》一如往常地為「原子比爾」・勞倫斯留下頭版的版面，讓他報導核爭論的最新發展，但他的行文卻異常地節制，絲毫不見偽聖經式風格的評論。《紐約時報》的編輯群則在社論中自行回應史汀生文中的宣稱——他們接受史汀生聲稱原子彈的製造或使用絕非一時興起，也同意前戰爭部長在廣島與長崎投下的原子彈導致日本決定投降。

然而，《紐約時報》也指出，政府是否如杜魯門總統所堅稱，曾確實給予日本合理的事前警告，關於這點肯定有更多的質疑與反對意見，畢竟在對廣島投下原子彈之前從未公開展示過炸彈。社論亦強烈地批判，史汀生僅根據實際結果便將原子彈的使用合理化，這麼做無異於「德國的戰爭信條『需要之前無法律』、『最殘酷的戰爭也是最慈悲的戰爭，因為結束得更快』與『為達目的可不擇手段』等論調」。

對美國政府而言，《紐約時報》再次提供了令人不安的風向指標。《紐約時報》的社論不僅表明一種新的冷淡態度，它還明確地指出，史汀生的反駁聲明未能回應〈廣島〉令人痛心的揭露內容——原子彈造成的恐怖傷亡，以及肇事者如何掩蓋爆炸後的實際情況。多虧赫西與他的團隊，美國使用了一種實驗性的放射性超級武器並在爆炸後數個月內仍持續導致平民喪生，如今已是無法抹滅的不爭事實。史汀生在文中承認廣島原子彈「導致超過十萬名日本人死亡」，並寫道自己不想對此「加以掩飾」，但他做的正是「粉飾太平」這件事。

「戰爭的臉就是死亡的臉。戰時領導人下達的每一道命令，都無可避免地涉及死亡。」史汀生表示。

史汀生的掩飾工作，企圖讓廣島原爆再度回到冷冰冰的統計領域。廣島在這次的重述中不過是另一個有十萬人傷亡的地點，這些人沒有名字，沒有臉孔；他們的身分可以互換，但命運無可避免。根據他的主張，這便是現代戰爭的本質。

《紐約時報》的社論指出：「史汀生先生的看法是，需要控訴的對象並非武器，而是戰爭本身。」

然而，原子彈爆炸後、〈廣島〉發表後引爆的焦慮和憤怒，與這種新型武器本身息息相關——原子彈對人類的影響、對整座城市的破壞、其所殘留的殺傷力以及對人類未來的預示。史汀生的文章對「放射性」或「輻射」隻字不提，但自從赫西的〈廣島〉出版後，即便政府如何努力想扭轉局勢，也不可能再將原子彈描繪成一種傳統武器。關於原子彈輻射毒害的報導，再也無法被駁斥為「日本宣傳」或「東京傳說」之類的無稽之談。編造故事的嘗試也宣告失敗，政府再也無法拿此來做文章。

史汀生、科南特、杜魯門總統和格羅夫斯將軍將「戰爭的臉」視為一種無名的抽象概念，然而對於赫西的數百萬讀者來說，原子戰爭的面目已經與有血有肉的真實臉孔相連，那是屬於一位撫養三個子女的辛苦寡婦、一位年輕職員、兩位醫師、一位神父和一位牧師的臉孔，而這六張戰爭臉孔的照片被放在《廣島》一書的封底，熱銷於全球。《廣島》成為一道懷疑的影子，使人們永遠對官方的轟炸理由存疑。

赫西的書持續在世界各地銷售一空。史汀生的文章在《哈潑》發表後，赫

原子彈爆炸後廣島立刻化為一片斷垣殘壁。估計的爆炸死亡人數從七萬八千人到二十八萬人，差距甚大，確切的傷亡數字恐怕永遠不得而知。
Photo by Hulton-Deutsch/Hulton-Deutsch Collection/Corbis via Getty Images.

「瞬間瘋狂展開」，整座「大都會的情緒以原子力爆發開來」。

Photo by ©CORBIS/Corbis via Getty Images.

一九四五年八月十五日，約兩百萬名民眾湧入時代廣場慶祝對日戰爭勝利。據一名《紐約時報》記者回憶，《紐約時報》在廣場的電子跑馬燈看板宣布日本正式投降的瞬間，「勝利的怒吼聲……震動著耳膜，最後淹沒了所有感官」。慶祝派對

麥克阿瑟將軍將他的東京總部設在第一生命保險公司大樓，這棟宛如堡壘般的建築正對著日本天皇仍居住其中的皇宮，此舉的宣示意味可謂昭然若揭。
Photo by Paul Popper/Popperfoto via Getty Images/ Getty Images.

合眾通訊社記者中島覺是原爆後首位進入廣島的西方新聞媒體記者，他於一九四五年八月二十二日進入廣島，並在報導中指出廣島廢墟般的殘破景象。《紐約時報》後來刊出他的報導，但為內容經大幅刪減的版本。
Used with permission from the Nakashima/Tokita family.

資深記者韋佛瑞德．柏契特與一批率先赴日的盟軍占領部隊一同抵達日本，儘管占領當局明令禁止西方記者在日本境內自由移動，他仍立即潛入廣島。隨後，他在刊登於《每日快報》的報導〈原子瘟疫〉中，描述了原爆倖存者因輻射傷害而持續喪命的情況，在全世界掀起恐慌與擔憂。一名美國官員指控柏契特乃是「受日本政治宣傳所惑」。
With permission from the Wilfred Burchett Estate.

《芝加哥每日新聞報》記者喬治．韋勒（左）同樣隨著先遣占領部隊進入日本，而後獨自前往長崎。長崎於一九四五年八月九日遭核彈攻擊重創，距廣島原爆僅僅三天。韋勒對當地災情的報導遭到攔截「佚失」，占領當局旋即宣布兩座原爆城市為「外國記者禁入區」。
Used with permission from Anthony Weller.

麥凱瑞中校暱稱「德克斯」，原為記者，後加入美國陸軍航空軍擔任公關官，他籌組記者招待團，親自挑選一批同盟國記者赴廣島報導，但建議記者在報導中淡化對於所見景象的描述。他告訴記者：「我認為我們的國民尚未準備好。」

Used with permission from Michael McCrary.

一九四五年夏末至秋季期間，格羅夫斯將軍四處造訪曼哈頓計畫的實驗室與建造商（照片攝於田納西州橡樹嶺的原子研究設施）並發表演說，他告訴聽眾沒有必要對原子彈轟炸感到歉疚，他個人亦無任何不安。

Photo by PhotoQuest/Getty Images.

曼哈頓計畫負責人格羅夫斯將軍與物理學家歐本海默，攝於新墨西哥州的一九四五年七月十六日原子彈試爆場址。兩人於九月九日帶領記者參觀試爆場，意圖使媒體淡化有關原子彈後續傷害的報導。格羅夫將軍對記者說：「日本聲稱人民死於輻射。倘若此話屬實，人數也是微乎極微。」
Photo by Rolls Press/Popperfoto via Getty Images/Getty Images.

《紐約客》共同創辦人暨總編輯哈洛德・羅斯個性誇張，飆罵粗口的造詣過人，最重要的，他是挖掘獨家新聞的專家，即便在烽火摧殘的戰地且大批記者蜂擁而至，他仍有辦法搶得先機。戰時他曾對自己的一位記者說：「搶先全球取得獨家，實在是輕而易舉的事。」

Photo by Bachrach/Getty Images.

《紐約客》副總編輯威廉．蕭恩在雜誌社內有「直覺男」之稱，他生性羞赧內向，卻又深具魅力。一位曾與他合作的作家回憶道，對蕭恩來說，「每個人都與其他人一樣有價值……每個生命都是神聖的」。

Photograph by Lillian Ross. Used with permission of the Lillian Ross Estate.

《紐約客》的辦公室僅占西四十三街二十五號的幾層樓，無論以誰的標準來看都是破陋不堪。電梯大廳立著火盆，裡面塞滿了菸蒂和被揉成團的退稿通知單。

Taken by Hobart Weekes; used with permission from James McKernon.

哈洛德．羅斯的《紐約客》辦公室。赫西、羅斯與蕭恩三人躲在上鎖的辦公室裡，祕密地埋首修改〈廣島〉的文稿長達十天，此舉堪稱他們的記者版曼哈頓計畫。

Taken by Hobart Weekes; used with permission from James McKernon.

威廉・克萊因佐格神父，是赫西選擇的六位〈廣島〉主角中的第一位。居住在廣島的克萊因佐格神父擔任赫西的翻譯，引介他認識其他爆炸倖存者，即所謂的「被爆者」。
Asahigraph, 1952.

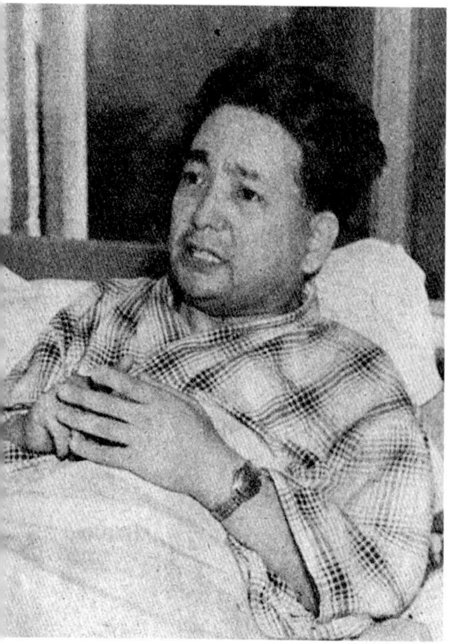

廣島的谷本清牧師是赫西的第二位主角，也是當地的「救援天使」。他在大火吞噬城市之際，英勇地將受害民眾疏散到安全的地點。
Asahigraph, 1952.

赫西的第三位主角，佐佐木輝文醫師。轟炸當日，他在自己服務的廣島當地醫院值班，是極少數毫髮無傷生還的醫務人員，他在數天內治療了數以百計的患者，然而到了第三日，先前診治過的病患卻多已身亡。
Asahigraph, 1952.

藤井正和醫師，赫西的第四位主角，他經營的小型私人醫院在轟炸中倒塌，朝他當頭壓下。
Asahigraph, 1952.

赫西的第五位主角，年輕的寡婦中村初代。爆炸發生時，她正在家中準備早餐，她的三個孩子都被埋在倒塌的瓦礫堆中。
Asahigraph, 1952.

赫西的最後一位主角，年輕的工廠職員佐佐木敏子小姐。原子彈引爆時，她被辦公室的書架壓垮險些喪命。
Asahigraph, 1952.

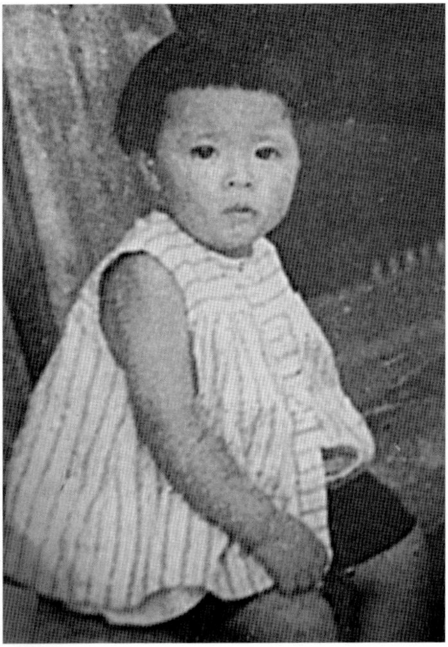

谷本紘子，谷本清牧師與其妻知紗之女，約攝於原爆前不久。爆炸時，知紗在家中懷抱著紘子，房子當頭倒塌，她的手臂被房屋殘骸重壓在身體兩側，但她設法掙脫出一隻手，徒手在瓦礫堆中挖洞，並且很快地挖到剛好足以將紘子推出去的大小，最後兩人均平安生還。
Used with permission from Koko Tanimoto Kondo.

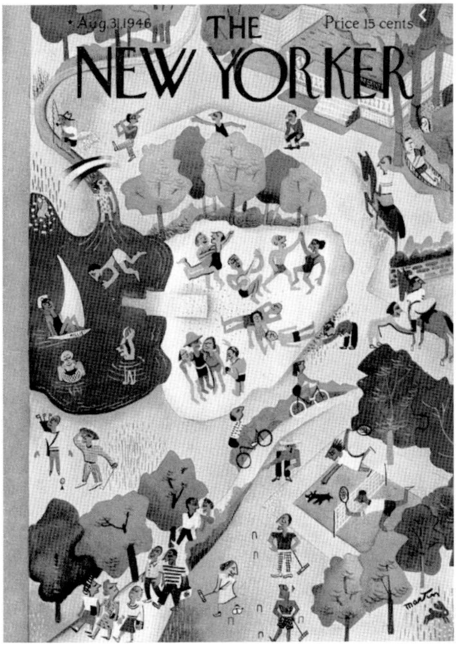

《紐約客》一九四六年八月三十一日號。該期除〈廣島〉一文以外幾無其他內容，所有常態單元皆未刊出；封面場景與內文不協調的反差，向讀者傳遞了令人不安的意涵——描繪了夢遊中的美國，一如愛因斯坦幾個月前所形容的，美國對原子時代的危險視而不見，「躲進安逸的舒適圈中」。
Used with permission from the New Yorker magazine.

杜魯門總統聆聽戰爭部長亨利・史汀生簡報廣島轟炸資料。赫西的〈廣島〉刊出後，杜魯門總統並未針對報導做出公開聲明，而是賦予史汀生在該年秋天掀起的爭議中「澄清歷史真相」的任務。史汀生不負所託，於《哈潑雜誌》發表一篇反駁聲明，該文實則由多位「昔日戰爭部老隊友」匿名共同撰寫完成。

Bettmann/Contributor

西與《紐約客》的編輯得知，英國企鵝版的首刷二十五萬冊在幾星期內便全數售罄，目前正準備再刷一百萬冊；克諾夫版在美國出版一年後，出版社發布了新聞稿摘要《廣島》遍及全球市場的成績：「除了美國（克諾夫）版與英國企鵝版，《廣島》已譯成十一國語文出版，包括瑞典、丹麥、挪威、芬蘭、荷蘭、法國、捷克、德國、義大利、匈牙利、葡萄牙，不久後也將推出波蘭、西班牙與希伯來文版，未來亦很有機會以印度的孟加拉語和馬拉地語出版。」此外甚至還有點字版。

一九四六年的秋天，科南特憂心〈廣島〉引發的批判將會影響美國下一世代的歷史學家與領導人，而他的擔憂立刻應驗了。赫西的書不僅立即被書商與評論家譽為經典之作，更迅速進入大學的課程，包括幾所常春藤聯盟大學（即哈佛校長科南特所屬的圈子）。（羅斯在得知〈廣島〉即將編成教科書版並用於高中的課程時，他寫信告訴赫西與蕭恩：「天曉得我們幹了什麼大事。這會比我唸高中時讀的教科書都要好，絕對。）〈廣島〉已成為記錄核戰爭讓人類付出之真正代價的歷史文件，往後數十年依然不變。

雙重間諜

克諾夫出版社引以為豪地公布《廣島》出版的國家名單中，有兩個國家的缺席特別引人矚目。〈廣島〉剛出刊時，《紐約先驅論壇報》就曾預測──儘管該報導可望席捲全球，但由於世界各地的專制政權及其對人民實施的審查制度，約有數百萬人將無法讀到赫西的文章。

該社論顯然在暗指俄羅斯。每一週，冷戰的情勢都持續升級。《紐約客》刊出〈廣島〉的二個月後，蘇聯外交部長維亞切斯拉夫・莫洛托夫（Vyacheslav M. Molotov）在聯合國大會的一場演說中相當戲劇化地訓了美國一番。他痛斥美國的「帝國主義」和「擴張主義計畫」並告知美國人，蘇維埃人民不僅是「拋頭顱灑熱血，為新的世界主宰者鋪路」。此外，莫洛托夫控訴美國「壟斷獨占原子彈」極為自私，他警告，那樣的原子壟斷優勢不會持續太久。

蘇聯領導人約瑟夫・史達林確實在一九四五年七月美國首度試爆後，立刻加速了蘇聯本身的原子彈發展計畫。莫洛托夫認為，杜魯門總統希望利用轟炸日本來震懾蘇聯，「以顯示誰是老大」。對他與其他蘇聯領導人而言，在廣島與長崎落下的原子彈「並非針對日本，而是針對蘇聯」。莫洛托夫表示：「他們在說：『好好記著，你們沒有原子彈，我們有。假如你們輕舉妄動，下場就會是這樣。』」

雖然赫西、蕭恩和羅斯知道，他們的文章很可能會被蘇聯解讀成具政治宣傳威脅性，但《紐約客》辦公室還是討論起如何讓〈廣島〉在蘇聯出版的問題。部分美國媒體立刻聚焦於這件事，《紐約先鋒論壇報》社論即預測蘇聯會將赫西的文章視為「意圖恫嚇」。

事實上，蘇聯比美國更早進入廣島探察原爆後的情況。蘇聯直到一九四五年八月八日才對日本宣戰，那是在廣島遭到轟炸的兩天後，且暫時的蘇聯在東京始終設有大使館。八月二十三日，蘇聯駐東京大使館領事米哈伊爾・伊凡諾夫（Mikhail Ivanov）赴廣島視察，很快地，一份關於原子彈駭人破壞力與影響的報告悄悄完成，送交史達林與其他蘇聯領導人手中。蘇聯如今對美國處於極端劣勢，這已是不爭的事實。蘇聯政府迅速封鎖關於此一毀滅性武器的消息，據一位駐莫斯科英國記者指出，原因在於莫斯科當局已經明瞭「原子彈對蘇聯構成了威脅」。蘇聯政府極力淡化美國持有對自己國家與全世界具威脅性之武力的事實，因此若〈廣島〉在俄國發表，他們的努力便將前功盡棄。

儘管如此，對於正為國際成功而陶醉的《紐約客》團隊而言，讓報導在俄國出版仍是個誘人的挑戰；他們才剛共同締造看似不可能的壯舉，說不定可以再次辦到。經過一番討論，他們決定聯繫蘇聯駐聯合國大使安德烈・葛羅米柯（Andrei Gromyko），討論將〈廣島〉翻譯成俄文並在該國發行的可能性。赫西認為與葛羅米柯接洽的措辭必須謹慎、周到，務求讓俄國人「對文章可能的政治宣傳傾向較為放心」。（然而，他也懷疑俄國人根本不會對〈廣島〉卸下心防。他在擔任《時代》雜誌駐莫斯科記者期間便曾寫道：「在俄羅斯，沒有一個字不是武器。」）

赫西、羅斯、蕭恩與《紐約客》發行人費萊希曼花了一週的時間，擬定了一份致葛羅米柯的請願書——葛羅米柯在紐約素有「不先生」、「臭臉葛羅」與「老面癱」的暱稱——果不其然，他們的提案石沉大海。不僅如此，與蘇聯大使聯繫幾個月後，《紐約客》團隊將會真正了解莫斯科是如何看待赫西與他的報導，以及最初企圖發行俄語翻譯版的野心何其天真。

赫西的日本行過後不久，蘇聯的最大日報兼共產黨官媒《真理報》便派遣一位名為奧斯卡・庫加諾夫（Oskar Kurganov）的記者抵達日本，他四處走訪，並且去了一趟長崎。（後來，他將隨行的駐日盟軍總司令部公關人員比擬為「美國版的蓋世太保」。）返俄後，庫加諾夫寫了一本書並迅速出版——書名為《在日本的美國人》（*Amerikantsy v Iaponii*）——他在書中描述了日本行的所見所聞。據庫加諾夫所稱，〈廣島〉報導的那些場景過分誇大，根本沒有「原子病」之類的事情存在。他寫道，他向長崎的醫生詢問傳聞中的病症，據稱，醫生告訴他從未在城裡見過類似案例；庫加諾夫還聲稱採訪了一位男性爆炸倖存者，對方表示當時他躲在一條淺溝裡，頭部甚至完全暴露，但竟然毫髮無損，只是「有點驚嚇」。庫加諾夫表示，他個人確信輻射中毒純為子虛烏有，「沒有美國人描述的那種『原子悲劇』在長崎上演」。

正如一位駐莫斯科的西方記者所說，庫加諾夫的書顯然是「俄國針對赫西在〈廣島〉中所描繪的重創景象的回應」，基本上就是俄國的反〈廣島〉行動。庫加諾夫給蘇聯讀者傳遞的訊息無非是——相較於美國的其他炸彈，他們不需要特別畏懼原子彈，美國在編織關於新型武器的謊言，根本沒有取得顯著的軍事優勢。

與此同時，《真理報》也發布文章直接攻擊赫西，文中表示，他的〈廣島〉不過是美國的恐嚇戰術，是一篇「為六個人在原爆後承受的苦難幸災樂禍」的小說，更說赫西的動機是「散布恐慌」。（文章還說這本書銷售超過七百萬冊，意味著赫西這位資本主義作家肯定從他描繪的苦難中大賺一筆。）另一份蘇聯刊物則稱赫西是美國間諜，他體現了母國的「軍事精神」，對全世界實施「侵略宣傳，令人強烈聯想到納粹德國的類似行徑」。

赫西和〈廣島〉如今成了冷戰的棋子；在一個國家是特立獨行的吹哨者，到了另一個國家則是有害的政治宣傳者。假如在《紐約客》剛出版〈廣島〉後的騷動期間，美國政府曾有過一線的希望，或許就是知道赫西的報導會狠狠地踩到對手蘇聯的痛處。

在蘇聯，任何讓政府難堪的記者都可能面臨可怕的後果。然而，美國政府或軍方似乎並未審問赫西或嘗試抹黑赫西本人與報導，他們也未攻訐〈廣島〉六位主角的證詞。他們的策略似乎是淡化整件事，或者將人們對於轟炸廣島與長崎造成傷亡的懊悔視為濫情的結果。話雖如此，即使有人真正採取行動詆毀〈廣島〉，赫西與《紐約客》的編輯手中仍有一張王牌——他們只需透露格羅夫斯將軍和他的助理「事先讀過文稿、提供意見，最終核准出版」即可。

然而幾年後的一九五〇年——時值冷戰如火如荼，參議員約瑟夫．麥卡錫（Joseph McCarthy）在國內煽動「紅色恐慌」之際——聯邦調查局局長約翰．艾德加．胡佛（J. Edgar Hoover）指派外勤探員對赫西進行調查、監控和訊問。原來調查局觀察赫西已久，而官方的調查理由是：「一九四一年，赫西的哥哥與一個被眾議院非美活動調查委員會（House Un-American Activities Committee）列為共產主義陣線的組織過從甚密。」調查過程中，有消息人士告訴聯邦調查局的人員，赫西被《時代》派駐莫斯科的期間，「明顯且相當公開地支持蘇維埃社會主義共和國聯邦（Union of Soviet Socialist Republics）」，並且一回美國便立刻參與或贊助和共產黨有關聯或親共產黨的組織（包括給美國公民自由聯盟〔American Civil Liberties Union〕捐款十美元）。聯邦調查局特別感興趣的是，一九四五年五月十八日赫西在耶魯大學的演講中，呼籲美國和蘇聯建立「牢固而長久」的友誼。

赫西與家人後來遷居康乃狄克郊區，聯邦調查局官員到他家訊問時，問及一九四六年日本行的細節，並探查了他與在日本可能支持共產黨的其他記者的關係。

赫西顯然沒被列為需進一步審訊的對象，當局也未對他提出任何指控。在當時劍拔弩張的政治情勢下，赫西的忠誠度和背景會受到質疑也許不足為奇，尤其考慮到他願意報導有損美國政府聲譽的新聞並掀起轟動。然而諷刺的是，聯邦調查局對赫西展開調查的原因在於，他可能是親俄的共產主義分子，但在蘇聯，赫西卻被塑造為信奉軍國主義、決意在俄羅斯與全世界散播恐懼的美國間諜。

動人的基督教友愛精神

另一個禁止〈廣島〉出版且格外引人矚目的國家是日本。即使麥克阿瑟將軍有意在自己的太平洋戰區部隊使用〈廣島〉作為訓練材料，赫西還是從《生活》雜誌駐東京攝影記者處得知，駐日盟軍總司令部正全面防堵〈廣島〉的文章與書籍版在日本翻印、流通或譯成日語。

儘管全世界數百萬計的讀者對於赫西六位主角的名字已耳熟能詳，他們本人卻要等上好幾個月才讀到報導；赫西想方設法地希望將《紐約客》的〈廣島〉特刊送到谷本牧師、佐佐木小姐、藤井醫師、中村太太、克萊因佐格神父和佐佐木醫師手上。耶穌會傳道團的組織遍布國際，《紐約客》團隊向紐約分會尋求協助，一名神父表示可將雜誌寄給目前人在東京的一位隨軍神父，耶穌會代表建議，在最上面一本雜誌標註給隨軍神父即可，因為駐日盟軍總司令部的審查員可能會將指定寄給日本國民的書沒收。

最後，雜誌總算成功抵達廣島，雖然不確定是透過隨軍神父或其他人的協助。部分主角在收到走私入境的雜誌前並不知道自己被寫進文章裡，甚至不知道文章寫成了。「我不知道他把我寫進報導裡，直到有人拿著一本《紐約客》跑來告訴我。」藤井醫師後來憶道。

藤井醫師讀的時候，發現「每件事都與他當初說的完全吻合」，赫西把他們三個小時對話中的每個字都牢牢記住了。（中村太太亦對赫西「記住每個小細節」的能力大為讚嘆。）藤井醫師寫了一張明信片給赫西，為《紐約客》這份窩心的禮物表達由衷的感謝，他還說：「有鑑於我多高興在〈廣島〉讀到有關原子彈的描述，尤其是提到我自己的部分，我相信您善良的文字肯定會在世界引起很大的轟動。」

後來谷本牧師也寄來一封信，告訴赫西他「驚喜交加」，對於《紐約客》竟獲允許刊登報導感到難以置信。

「相較於日本前領導人，美國當局的作為呈現了明顯且諷刺的對比。美國政府竟然允許您發表這樣的文章，從戰敗國的視角報導祕密武器所造成的影響。」他寫道：「我們見證了美國民主的優秀示範，並從貴國人民熱烈的回應中，看見堅強的人性與動人的基督教友愛精神。」

谷本牧師回報近況，說自己和其他〈廣島〉主角開始每個月聚會，並稱聚會為「赫西小組」，同時也提及他聽說駐日盟軍總司令部仍未批准文章得以譯成日文，倘若有任何進展，他自願擔任翻譯的任務。

最後，谷本牧師告訴赫西，美國陸軍第八軍團長（U.S. commander of the Eighth Army）日前造訪廣島「訪問」他、克萊因佐格神父、藤井醫師、佐佐木醫師和佐佐木小姐。（他在那之後還未見到中村太太，不確定軍團長是否也曾找上她問話。）

後來經過兩年多的時間，並有賴美國作家聯盟（Authors' League of America）的介入，《廣島》終於獲得麥克阿瑟將軍的准許而在日本發行。將軍在最後批准翻譯通過時表示，關於他打壓「赫西那本書」的報導「毫無事實根據」。

「那些報導是惡意且錯誤的政治宣傳產物，目的在於製造完全虛假的印象，讓人誤以為這裡存在一種任意妄為的邪惡審查體制。」他說。

一九四九年四月二十五日，由谷本牧師合譯的《廣島》日文版問市，並且立刻成為暢銷書[28]。駐日盟軍總司令部先前憂心該書可能激起怨恨或報復情緒，或如占領當局媒體準則中載明的「擾亂公共安寧」，然而日本評論家對《廣島》的反應似乎交雜了悲傷與審慎的樂觀。《東京新聞》的一篇評論寫道：「該書表達了一種超越勝利者與被征服者立場的人文主義精神。人們應該懷抱對和平的殷切希望，認真閱讀它。」

我不在乎他們怎麼說我

一九四七年春天，《紐約客》的編輯正在規畫他們的下一個赫西合作案，報導意外斬獲巨大成功後的下一次可不能隨便出手。羅斯考慮讓赫西返回日本進行後續的報導。「跟你的主角們重聚，然後寫成報導。」他向赫西提議。

赫西否決了這個想法。〈廣島〉發表後，他轉入地下活動好幾個月，也未表現出立刻回日本的意向。羅斯對他在北美報業聯盟（North American Newspaper Alliance）的熟人哀嘆，說服赫西返回日本的機率「大概是四十二比一」。

經過多年在國外報導戰事的奔波，如今赫西回到美國，有妻子與家人陪伴在側，他開始將注意力從報導轉移到小說，並開始實踐自己的理論——小說可以比非小說更強烈且更撼動人心。（結果證明他的理論有幾分諷刺，因為他畢生

---

28 拉爾夫・查普曼（Ralph Chapman）在報導中寫道：「首刷四萬冊在出版兩週內銷售一空，二刷一萬冊正在印製當中。」

創作了十多部小說，但〈廣島〉仍是他最知名且最具影響力的作品。）他開始為一部以華沙猶太區（Warsaw Ghetto）為背景的小說進行研究，他在還是《時代》雜誌駐莫斯科戰地記者時，曾走過那裡的碎石瓦礫。這本書最後題名為《牆》（*The Wall*），就如同目睹廣島慘況時一樣，赫西震撼於滿目瘡痍的猶太區和集中營並為之痛心不已。採訪行程結束後，他花了很長的一段時間處理他「對人類能力的憤怒」，不過他後來也說道：「那次經歷也催生出某種樂觀，因為無論在哪種情況下總是有人存活，於是你不得不做出結論——人類堅不可摧。」

他放下《牆》的研究計畫，為《紐約客》做了伯納．巴魯克的人物專訪，當時巴魯克剛辭去聯合國原子能委員會美國代表的職務。專訪刊出的時間為一九四八年一月，距離〈廣島〉橫空出世已近一年半。其後，〈廣島〉三人團隊——赫西、羅斯與蕭恩——只合作了另一項重量級計畫，即一九五一年初刊出的杜魯門總統人物專題，該專題是一篇分為五部的報導。該年稍晚，哈洛德．羅斯在與癌症奮戰後，於手術中辭世。

有鑑於〈廣島〉的殺傷力，《紐約客》團隊還能設法取得與總統接觸的機會簡直是奇蹟。但事實上〈廣島〉發表後的幾年來，工於心計的羅斯一直忙著培養與白宮發言人洛斯的關係。《紐約客》的編輯向總統團隊提案時，其行銷主軸諷刺地重複了他們打造〈廣島〉的手法。蕭恩在信中指導羅斯如何在向白宮提案時寫道，他們的目標是「賦予……杜魯門人性的一面」。這個策略奏效了。赫西因此獲得與總統大量接觸的機會。

赫西貼身觀察杜魯門總統並進行訪問的時間點是一九五〇年末，就在前一年，蘇聯成功引爆了他們的第一枚原子彈，徹底結束美國的核武壟斷地位（也證明格羅夫斯將軍的推測是錯誤的，蘇聯並不需要長達二十年的時間才躋身核武俱樂部）。杜魯門總統立刻誓言奪回優勢，加速美國研發熱核武器的進度。一九五二年，美國成功引爆首枚氫彈，「原子比爾」・勞倫斯稱之為「地獄炸彈」，其威力相當於一千萬噸TNT炸藥，約為廣島原子彈的六百六十六倍。

假如赫西與杜魯門總統曾談及這些事，或關於廣島和長崎的話題，那麼這些對話內容顯然並未出現在《紐約客》最後刊登的專訪文中。杜魯門總統向來鮮少公開談論轟炸日本的事件。《大西洋月刊》（*The Atlantic*）當年刊出總統寫給物理學家兼臨時委員會成員康普頓的信（杜魯門在信中表示「日本人事先獲得合理的警告」），而這封九十八字的信件幾乎就是美國大眾所知最詳細的——總統對於原子彈轟炸的個人觀點陳述。究竟禁談原子彈是否為白宮同意接受《紐約客》專訪的條件，這點不得而知，但赫西確實冒險觸碰底線，詢問杜魯門總統是否想在「十本書的清單之外增列書目，好讓人們針對原子時代的生活做好準備」。除了告訴赫西回頭閱讀經典之外，總統拒絕提供其他書單。

「人性從未改變。改變的只是我們對事物的稱呼。」杜魯門說。

赫西獲准參加並記錄一場會議，以旁觀杜魯門總統與他的副手研擬廣播演說的講稿，據稱，杜魯門「認為那是他職業生涯截至當時最重要的一場演說」。彼時中國共產黨在韓國節節勝利，杜魯門總統準備宣布進入國家緊急狀態。在會議上，杜魯門總統的顧問團隊討論了在東京收集的相關情報，可見日本確如美國六年前進駐占領時所寄望的，成為美國在太平洋戰區的可靠據點。根據赫西對會議的描述，國務卿迪恩·艾奇遜（Dean Acheson）對於部分措辭展開辯論，即該如何將蘇聯塑造為讓全世界瀕臨核戰邊緣的始作俑者。

「我認為我們不該讓任何人有所疑問，也就是說，我們絕對不會發動世界大戰——如果開戰，必定是對方挑起的。」據報艾奇遜如此說道：「也許我們應該說一些像是『共產黨充分表現出他們不惜讓全世界瀕臨開戰』之類的話。」

「那正是俄國人在做的事。」杜魯門總統回答：「向每一方施壓。」

當時，杜魯門總統在針對韓國情勢所召開的白宮記者會上（也是赫西為《紐約客》做的報導）告訴記者，對中國共產黨使用核武並非全無可能。此外，赫西寫道，總統告知白宮記者團「政府已竭盡所能地避免第三次世界大戰發生，且仍在繼續努力」。

赫西描繪的這位總統，他在上次世界大戰的最後階段接手戰局，如今則面臨下一場可能的世界大戰的開端。假如杜魯門總統曾在私下的訪談間，向赫西表露對當前情勢走向的戒慎恐懼，或對於自己在廣島和長崎原子彈轟炸中的角色有所批判或自省，那麼赫西也並未在《紐約客》的專訪報導中提及。然而，杜魯門總統確實曾向赫西坦言，媒體對他的某些評價令他困擾——在他看來，那些言論有時近乎叛國。「對我而言，沒有什麼比造謠汙衊一個人的人格更不美國。」他說。此刻的杜魯門總統擺盪在反骨與脆弱之間。

「我不在乎他們怎麼說我。」他對赫西說：「我是人，我可能會犯錯。任何人，就算全心全意為國家著想，都會犯錯。」

杜魯門在剩餘的總統任期內，始終將原子彈列為若出現軍事情況時應「積極考慮」使用的選項。他說，原子彈與傳統武器並無不同，只是更大、更迅速且更有效，它理應是美國武器庫的配備。他的繼任者艾森豪總統也有同感，他甚至認為原子彈是節省成本的設備，很有價值。一九五三年五月十三日，他在國家安全委員會會議表示，對北韓使用核武器可能比使用傳統武器便宜。更不用說，使用核武器將一併省去後勤成本，以及將傳統彈藥從美國運送至北韓前線的麻煩。

為了存活而來

〈廣島〉問世後數年與數十年間，核軍備競賽不斷升級，赫西對於自己的報導留下何種影響，也有著複雜且持續演變的看法。數十年後的一九八〇年代，美蘇之間的核戰爭邊緣策略（brinksmanship）復燃，對峙激烈，他在此背景下告訴一名學者，他認為「廣島與長崎的轟炸給予世界重大的警告，有助於防止另一場核戰爭爆發」。他也認為原爆倖存者的證言——例如他在《紐約客》報導轉述的故事——發揮了重要的影響。一九八六年，他在一次罕見的訪談中說：「我認為一九四五年以來，讓世界免於核彈災難的並非嚇阻，並非對於特定武器的恐懼，而是記憶，對於廣島浩劫的記憶。」只要人們清楚記得廣島和長崎的遭遇，他們就仍能想像「一枚更大的炸彈落在人口中心的景象」——以及倘若自己的城市和孩童成為核攻擊的目標會有何種後果——然後，他們就會反對未來核武器的使用。

儘管如此，他仍深感擔憂——雖然〈廣島〉影響了後幾代的政治領袖、社運人士與學者，使他們致力於遏止核軍備競賽，然而位居華府權力中心者，對原爆後果的記憶似乎越來越模糊。赫西點名當時的國務卿卡斯帕・溫伯格（Caspar Weinberger）和國防部全球戰略事務助理部長（Assistant Secretary of Defense for Global Strategic Affairs）理查・珀爾（Richard Perle）等人，表示：「看他們大談擁有更強大核武器的未來的樣子，他們肯定從未理解廣島原子彈的意涵。」他強調，蘇聯恐怕根本沒有對此的廣泛集體記憶：「那裡對資訊的控管如此嚴密，我懷疑有多少人真正知道廣島的事。」

赫西認為，記憶的消逝——或記憶的缺乏——才是造成嚇阻失效的真正威脅。這使得谷本牧師、中村太太、佐佐木小姐、藤井醫師、克萊因佐格神父與佐佐木醫師的證言此刻越發重要。

對他而言，六位〈廣島〉主角，以及他多年來記錄過的眾多戰爭倖存者，他們的意義不僅是警世故事，更是希望的象徵。終其職業生涯與一生，赫西始終著迷於人類的意志與生存能力，且就一個親眼目睹太多人性醜惡的人而言，簡直樂觀得令人震驚。赫西寫道，人類「擁有不可思議的資源來維持自身的生命」。

「儘管人類發明了各種可怕的工具毀滅自己。」他結論道：「但依我看來，我們愛這個骯髒的世界，更甚於渴望世界終結。人類既恐懼毀滅，又頻頻冒險……我相信，人類就是為了存活而來到這個世界。」

結語

儘管羅斯希望赫西能在〈廣島〉出版後不久返回日本，但赫西最終仍花了將近四十年的時間才重回舊地，並再次報導六位主角的命運。一九八五年，《紐約客》的「記者自由談」專欄刊登了一篇赫西撰寫的新報導——〈廣島：其後〉（*Hiroshima: The Aftermath*）。一九五一年羅斯過世後，蕭恩長期擔任雜誌的總編輯（《紐約時報》寫道，他是《紐約客》長年的「溫和專制者」），並負責赫西的續篇報導。

「顯然，（廣島原爆在六位主角生命中投下的）陰影比我在最初報導中描述的那一年還要長。」他回憶道：「陰影持續了很長、很長的時間。」他終於決定回去調查主角們與其家人後來的遭遇。

中間這些年，赫西對於一九四六年廣島行的話題始終保持相對的沉默，他很少受訪談論這個主題——或者說，他很少接受任何採訪。許多追隨他腳步聲名大噪的記者——如諾曼・梅勒（Norman Mailer）和湯姆・沃爾夫（Tom Wolfe）——在自己撰寫的報導中經常相當突出，也樂於享受名流的聲譽地位。但赫西不同，他持續避開世人的目光，並在家潛心創作了二十多部小說與非小說作品，無論是在康乃狄克郊區（Connecticut）、瑪莎葡萄園島（Martha's Vineyard）、佛羅里達西礁島（Key West）或紐哈芬（New Haven）；他在紐哈芬擔任耶魯大學皮爾森學院院長五年的時間）。「他屬於發展出『作者崇拜』（cult of the author）的那一代人——像梅勒這樣的人會去上《迪克卡維特秀》（*The Dick Cavett Show*）——但他完全不想跟這些沾上邊。」他的兒子貝爾德・赫西（Baird Hersey）回憶道：「他從來不參加新書的巡迴宣傳……他不上電視或電臺，也不講課。」關於繼他之後的明星記者話題，赫西自稱是「一位憂心的爺爺」，他說：「記者本人（漸漸變得）比報導的事件更重要。」

在「小男孩」摧毀廣島近四十年後，赫西回到這座城市，發現「一隻豔麗的鳳凰已自一九四五年的毀滅荒漠中浴火重生」。重建後的城市擁有一百多萬名居民，與新闢的寬闊林蔭大道。他觀察到，此時的廣島是一座「奮鬥者與享樂者的城市」，城裡有數百間書店與上千間酒吧。

盟軍占領結束後，幾乎每年的八月六日，世界各地的媒體都會找出〈廣島〉的六位倖存者進行週年的紀念訪問。一九四〇年代末，谷本牧師已成為國際知名的反核倡議者。原爆後的接下來幾年，谷本牧師開始赴美國籌募重建教堂的資金、講述他的經歷，亦協助發起行動，為在原爆中毀容的年輕日本女性爭取接受整形手術的機會。據稱，從一九四八年至一九五〇年返日之前，他在美國進行了五百八十二場演講；第二次訪美時，他受邀於一九五一年二月五日為美國參議院的下午例會進行會前禱告，在禱告中，谷本牧師稱美國是「人類史上最偉大的文明」，還說：「上帝，我們感謝祢，讓日本得以成為美國慷慨援助的受益國。」赫西報導道，該次公開活動是「那趟行程（也可能是谷本牧師一生中）的最高峰」。

然而，一九五五年，谷本牧師遭遇了低谷的時刻，他再度訪美，受邀於五月十一日在洛杉磯接受NBC的電視採訪。他在到達攝影棚時發現，自己參加的其實是電視節目《這是你的人生》（*This Is Your Life*），節目約有四千萬名美國觀眾收看[29]。谷本牧師坐在拍攝現場，鏡頭的運作聲此起彼落，節目主持人雷夫·愛德華茲（Ralph Edwards）對牧師說：「你以為要接受採訪，也就是你現在工作的一部分，對吧？不過我們準備了一點驚喜。」然後，愛德華茲告知谷本牧師：「我們將在這個舞臺上重述你的人生故事。我們希望你能有些愉快的時刻。」他要求備受驚嚇的牧師重溫一九四五年八月六日的經歷，在牧師說話時，背景響起了刺耳的音效，包括空襲警報、漸強的疑似亞洲風音樂、滴答作響的時鐘，以及可怕的爆炸。谷本牧師被迫講述的證詞因廣告中斷，該節目的贊助商海瑟畢夏（Hazel Bishop）指甲油在現場進行了冗長的商業展示，一名手模狂熱地用鋼絲絨刷洗她搽好的指甲，以展現產品的耐磨度。結束後，谷本牧師又被要求繼續述說他在核災倖存的記憶。

節目製作人不僅讓牧師的家人祕密地從日本搭機過來——包括同為原爆倖存者的妻子知紗和女兒紘子都到現場——他們還找來了羅伯特・劉易士（Robert Lewis）上尉，即執行廣島投彈任務的「伊諾拉蓋伊號」副駕駛。戰後，劉易士上尉在紐約的一間糖果製造商擔任人事經理。劉易士敘述從他的B-29投下炸彈的過程，一度似乎還哭了；當時十歲的谷本紘子也看到了這個男人眼中的淚水，儘管初見他時內心滿是恨意，她還是伸出手想握他的手。（赫西在〈其後〉中報導，劉易士其實並沒有哭，而是在出演前「跑了好幾家酒吧」，喝醉了。）谷本牧師在《這是你的人生》中受罪，但其中也有些許的安慰——據報導，該節目募得了約五萬美元的觀眾捐款。

谷本牧師於一九八二年退休。一九八六年，他因肺炎併發腎衰竭而病逝於廣島的一間醫院，享年七十七歲。

---

29 節目主持人愛德華茲向觀眾介紹谷本牧師，並在錄製中說他為谷本牧師的該集節目籌劃了「好幾星期」，其間與包括赫西在內的許多人合作——關於此事，赫西並未在《紐約客》的報導〈廣島：其後〉一文中，描述谷本牧師出現在《這是你的人生》節目的段落提及。

〈廣島〉披露後的幾年，克萊因佐格神父也經常收到採訪的邀約，他上過德國的電臺與電視節目。他最終成為了日本公民，並使用「高倉誠神父」這個名字。「廣島被摧毀時，我便下定決心要成為日本人。」他告訴一位採訪者。「我想永遠留在廣島，擔任天主旨意的工具。」

他一生飽受各種病痛折磨，包括感染、「原子彈白內障」與慢性類流感症狀，最後於一九七七年過世。一九七六年時，醫院工作人員在他的病歷卡寫下「行屍走肉」的字句；臨終前，臥床不起的神父告訴他的照護者——一位名叫吉木幸枝的日本女性——他只讀《聖經》和時刻表，因為它們是「唯二絕不說謊的文字」。

藤井正和醫師對於〈廣島〉為他帶來的知名度甘之如飴，儘管他也承認有時這些關注造成了不少壓力。一九五二年，他對訪談者說：「被赫西報導之後，每年（原爆紀念日）前後都有很多事要做，有點不便。」他花了好幾年的時間走出這場磨難，他說：「我在情感上、身體上與物質上都經過一番掙扎。」但至少他還能迅速恢復執業——原爆發生僅幾年後，一名美國醫生途經藤井醫師的新醫院，新醫院在倒塌的舊醫院原址重建，並有塊英文標誌寫著：

藤井，獲赫西知名的〈廣島〉報導

到了一九五一年，標誌文字擴充為：

藤井醫師
約翰・赫西聞名全球的〈廣島〉六位主角之一
原爆後相隔三年
重回原址執業

藤井醫生仍為自己與赫西相識並被寫入〈廣島〉而感到自豪，他把赫西的名片收在自己的皮夾裡，得意地出示給訪客看。「它已經成為我珍貴的財產。」他後來宣稱道。盟軍占領期間，藤井醫師的醫院生意興隆，他的日子過得相當寬裕，還加入鄉村俱樂部。

一九七三年藤井醫師去世後，美國主導的原子彈傷害委員會（Atomic Bomb Casualty Commission，簡稱ＡＢＣＣ）對其進行解剖，發現他的「肝臟有一顆乒乓球大小的惡性腫瘤」；該委員會最初於盟軍占領期間在日本成立，旨在研究原子彈爆炸的影響。

原爆後的幾年，佐佐木輝文醫師留在廣島紅十字會醫院服務，大部分工作都是切除許多原爆倖存者身上布滿的瘢瘤傷痕。他後來開設了私人診所，跟藤井醫師一樣，他的生活變得優渥，但有時會因為身為〈廣島〉主角備受關注而感到困擾。「美國的來信堆積如山。」佐佐木醫師回憶。起初，他還努力地回覆來信，但最後決定停止。「我不想再回想那個時候了。」他告訴一位日本採訪者。

「四十年來，他幾乎從未和任何人談過爆炸後那幾小時與幾天裡的經歷。」赫西在《紐約客》的後續報導中寫道：「他的心中有個深深的遺憾，就是爆炸後的頭幾天，紅十字會醫院一片混亂，因此無法……記錄那些遺體被拖去集體火化的罹難者身分。那些無名的幽魂可能這麼多年來都在那裡遊蕩，無人祭拜，不得安息。」

一九四七年起，佐佐木敏子小姐開始在廣島的一所孤兒院工作，與赫西一樣，她為城市得以從灰燼中迅速重生而感到震驚。「我不會說這座城市正在重建，它更像是一座全新的城市。」她在一九五〇年代說道。她在十四個月內又動了三次大型的腿部手術，之後行走終於幾乎恢復正常。一九五四年，在克萊因佐格神父的引領下，佐佐木小姐進入修道院，並於一九五七年宣誓成為多明妮克・佐佐木修女。

她仍持續為發燒、血斑、盜汗與肝功能障礙所苦——「這樣的疾病模式出現在許多被爆者身上，可能是原子彈造成的，也可能不是。」赫西報導道。她與佐佐木醫師一樣，不願多談一九四五年八月六日的事。

「就好像我在原爆中倖存下來是多撿到一條命。」她說。「我應該放下過去，過新的日子。」

原爆後的幾年，中村初代太太持續飽受病痛折磨，但她經濟太拮据而無法就醫。（日本政府直到一九五七年才向被爆者提供有意義的醫療援助。）她留在廣島，靠打零工度日，包括替麵包店送麵包（每日收入約五十美分）、在街上推著手推車叫賣沙丁魚，以及為當地送報員收錢，最後才在一間生產樟腦丸的公司謀得長期的工作。她的三個孩子都從學校畢業並結婚成家，證據顯示，他們至少有一人在爆炸後患有創傷後壓力症候群——中村太太後來告訴記者，她的女兒美也子在房子倒塌時胸口以下被埋住，之後便非常害怕戰爭。「我曾考慮從廣島搬到山裡住。」她說道。

一九八五年，紐豪斯二世（S. I. Newhouse Jr.）的康泰納仕出版集團（Condé Nast Publications）收購《紐約客》；一九八七年，蕭恩被迫離開《紐約客》總編輯的職位，並於一九九二年，因心臟病發而去世。

幾個月後的一九九三年三月二十四，約翰・理查・赫西因癌症逝世，享年七十八歲。

如今，廣島縣有近三百萬名居民。廣島設有一座世界級博物館，保存了原子彈爆炸及災後的相關記錄，還有一座公園與許多紀念碑。原爆圓頂館是一棟位於爆炸中心附近的建築，部分結構奇蹟似地未倒塌，被聯合國教科文組織列為世界遺產。

當年的爆炸中心點位置，如今是一棟低樓層的醫院和一間 7-11 便利商店。

* * *

根據〈廣島〉發表後不久所進行的一項調查，大多數受訪者認為赫西的報導有助於公共福祉。〈廣島〉的寫作確實是發自對全體人類未來的關切，而不僅是為了單一國家、種族或政黨的利益著想。

他的文章亦令人不安地提醒讀者，他們選出的政府領導人涉及諸多層面的祕密運作，並不總是以人民福祉為優先。赫西與他的《紐約客》編輯相信，新聞記者必須向掌權者問責，秉著這樣的信念而催生出〈廣島〉。他們認為新聞自由對於民主的存續至關重要，而民主這種政府體制才剛驚險地逃過徹底崩毀的劫難。

對於赫西與許多報導第二次世界大戰的盟軍記者而言，這場全球衝突更是維護上述理想的戰役。長崎遭轟炸後第一位進入現場的的外國記者——《芝加哥每日新聞》的韋勒表示，美國人民一直在「為獲得充分資訊而戰」。「他們不想被欺騙。他們要聽真相。他們可以承受。」他說。

在報導與撰寫〈廣島〉之前，赫西曾在《阿達諾之鐘》中諷刺專制的美國將軍派頓，因為在他看來，這位軍人領袖的專橫殘暴「正是我們所反對的價值」的寫照。赫西和韋勒這樣的記者不會輕易被迫噤聲，同時，他們也不願讓當權者玷汙剛剛辛苦守住的自由。

一九三七年，赫西曾擔任作家辛克萊．路易斯的助手，那是在他進入《時代》雜誌之前。路易斯在他一九三五年的小說《不可能在這裡發生》（*It Can't Happen Here*）中警告美國人，他們看見在歐洲上演的事情——有害民粹主義與惡意政府宣傳機器的興起、對真相與事實的攻擊、專制領導人的崛起——確實可能在美國發生，儘管美國人傾向認為自己在本質上幾乎可免疫於此類事件。赫西與他的同代人希望二戰的結果證明路易斯錯了，而民主終將勝利，這自然無可厚非。

然而，二十一世紀最大的悲劇可能就是，我們沒能從二十世紀最大的悲劇中記取教訓。顯然，每一代人都需要親身經歷災難的震撼教育。因此，看看這些提醒——核衝突可能意味著地球上生命的終結；大規模的去人性化手段可能演變為種族屠殺；獨立媒體的消亡可能導致暴政，並使人民無力保護自己免受蔑視法律與良知的政府所侵害。

如果一九四五年的美國人因為連年令人沮喪的戰時新聞而精疲力竭，那麼如今的許多美國人也面臨著類似的處境，他們每分每秒都淹沒在即時新聞輪播和龐大的資訊（與假資訊）之中。然而，屈服於麻木冷漠將招致災難性的後果。無論情勢多麼令人疲憊、多麼令人畏懼氣餒，美國人仍須如愛因斯坦所言，努力不再「躲進安逸的舒適圈」。倘若赫西與他的同僚目睹美國現正上演的種種對事實的攻訐、對媒體自由的侵害，他們可能也會將之視為這個時代亟需警惕的艱鉅考驗。美國人必須尊重並堅決捍衛這個國家的第四權。現在，還有從歷史悲劇汲取教訓的機會。

誌謝

本書的研究與撰寫是我職業生涯中最大的榮耀，而這項艱鉅任務的完成，得力於許多人的協助與支持。我的編輯艾蒙·多蘭（Eamon Dolan）、文學經紀人莫莉·費德莉希（Molly Friedrich）與露西·卡森（Lucy Carson），他們從最初階段便協助我構思計畫、形成輪廓，並密切參與整個發展及演進過程。本書可能是二百五十頁，也可能是一千頁；每收到一份新的草稿，艾蒙都能巧妙地從龐大的素材中拉出敘事主軸，並說服我進行經常難以割捨的刪減，而莫莉和露西也經常提供寶貴的修改意見與鼓勵。

本書的研究工作共在三大洲、以四種語言進行。我要特別感謝我的主要俄語翻譯兼研究員安娜塔西亞·奧西波娃（Anastasiya Osipova）——她後來成為我的總研究員，陪我出入多間檔案資料館，擔任我與他人的溝通橋梁，並無時無刻地為我調取文件、文章和許多其他材料。她也在本書的整個研究、寫作與修改過程中，擔任我重要的最初聆聽者。

我也非常感激我在東京的研究員和翻譯艾瑞・阿科斯塔（Ariel Acosta），他同時也在我到日本的期間擔任我的助理。深摯感謝我的德語翻譯兼研究員希姬・李歐納（Sigi Leonhard）教授和娜嘉・李歐納—胡波（Nadja Leonhard-Hooper），以及我的長期研究員艾莉森・富比絲（Alison Forbes），謝謝她對文件與文章所做的研究，並協助我找到幾位難以追蹤的聯絡人。麥可・布萊西（Michael G. Bracey）提供了美國國家檔案署的重要研究，並耐心協助我和我的團隊摸索數量龐大到令人卻步的駐日盟軍總司令部、美國政府和美國軍方記錄。蘿拉・凱西（Laura Casey）協助進行文章的事實查核，並在最後的編修階段提出重要的修改意見。

我感到萬分榮幸能得到〈廣島〉仍在世的主角之一——近藤（谷本）紘子的協助。她親自帶領我認識廣島，向我展示「小男孩」確切的引爆位置，接受我好幾次漫長的採訪，並協助我更深入了解日本的被爆者社群。此後，她成為我珍貴的朋友，我將本書獻給她。

我也深深感謝本書其他主角的後裔提供的諸多支持與協助，包括克萊因佐格神父的侄子法蘭茲—安東・奈耶神父（Pater Franz-Anton Neyer）、萊斯利・中島（中島覺）的女兒鴇田一江和外孫女鴇田夏子、麥可・麥凱瑞（Michael McCrary）、喬治・柏契特（George Burchett）、安東尼・韋勒（Anthony Weller）、珍妮・科南特（Jennet Conant）和萊斯莉・蘇薩（Leslie Sussan）。

非常感謝廣島縣知事湯崎英彥接受採訪與大力支持，感謝亞太倡議（Asia Pacific Initiative）主席船橋洋一博士的專業知識與在日本的引介。我還要感謝廣島和平研究所的水本和實教授接受訪問，並耐心地回答了許多問題。感謝麥特・富勒（Matt Fuller）努力不懈地為我在日本引介各方人士，並提供其他至關重要的支持與指引。前美國駐日大使約翰・魯斯（John V. Roos）和威廉・哈格蒂四世（William F. Hagerty IV）的採訪提供了關鍵的內容，在此深表謝意。此外，我感謝美國駐東京大使館的布魯克・斯佩曼（Brooke Spelman）與哈格蒂大使的執行助理大衛・曼迪斯（David Mandis）的協助。

《原子科學家公報》的幾位董事與成員大力支持本書的寫作計畫，感謝他們的幫助與指導，而美國前國防部長佩里與前加州州長傑瑞・布朗（Jerry Brown）兩人都接受了重要的訪問。還要感謝康妮特・班奈迪克（Kennette Benedict）博士給予關鍵的意見，以及珍妮絲・辛克萊（Janice Sinclaire）持續不斷地給予支持，我都銘記在心。感謝佩里計畫（William J. Perry Project）的羅賓・裴瑞（Robin Perry）與黛博拉・高登（Deborah Gordon）以及伊凡・魏斯特普（Evan Westrup）。

我也要感謝《紐約客》過去與現在團隊的成員的支持。感謝《紐約客》總編輯大衛・雷姆尼克（David Remnick）接受訪問並不吝於給予鼓勵。感謝《紐約客》作家高普尼克，自本計畫形成之初便是不可或缺的顧問。感謝約翰・麥菲（John McPhee）、約翰・班尼特（John Bennet）、比爾・惠特沃（Bill Whitworth）、莎拉・李賓科特（Sara Lippincott）、珍・克拉莫（Jane Kramer）、安妮・摩蒂梅—麥道克斯（Anne Mortimer-Maddox）、馬丁・巴隆（Martin Baron）、理查・薩克斯（Richard Sacks）和派特・基歐（Pat Keogh）的回憶、參考與指引。還要感謝娜塔莉・拉貝（Natalie Raabe）在整個研究過程中為我解答許多問題，感謝法比歐・貝托尼（Fabio Bertoni）慷慨授權我在書中大量引用《紐約客》的歷史資料。由衷感謝麥可・蓋茲・吉爾（Michael Gates Gill）的鼓勵，並與我分享他的父親布蘭登・基爾在《紐約客》的經歷、他父親與赫西的情誼。謝謝蘇珊・莫里森（Susan Morrison）授權使用莉莉安・蘿絲遺產的資料。

在研究和寫作的過程中，我有幸獲得眾多不同領域的專家、傳記作者與學者的意見回饋。感謝馬丁・舍溫（Martin Sherwin）教授在蘇聯與原子彈方面的指導。感謝羅伯特・傑・利夫頓（Robert Jay Lifton）博士與葛瑞格・米契爾（Greg Mitchell）接受訪問與大力協助，他們針對美國與廣島之間緊張關係的開創性研究使我獲益良多。感謝羅伯特・諾里斯（Robert S. Norris）博士在格羅夫斯將軍的資訊上提供至關重要的協助。感謝美國科學家聯盟核資訊計畫的研究員麥特・寇達（Matt Korda），在全球當前核武器儲備以及本書中詳述的關於原子武器技術的歷史事實方面提供諸多指引。感謝美國科學家聯盟政府保密政策計畫主持人史蒂芬・愛夫特古德（Steven Aftergood）、國家安全檔案館核安全文件計畫主持人威廉・伯爾博士（William Burr）、美國科學家聯盟核資訊計畫主持人漢斯・克里斯登森（Hans Kristensen）博士。感謝理察・羅茲（Richard Rhodes）對於愛因斯坦在原子彈創造中所扮演的角色給予寶貴的意見。

我還必須感謝《紐約客》傳記作者班・雅高達（Ben Yagoda）和哈洛德・羅斯傳記作者湯馬斯・昆克爾的支持與意見回饋，感謝蓋伊・塔雷斯（Gay Talese）對於《紐約時報》歷史的專業知識並為我做了相當多的引介。感謝麥可・雅凡蒂提（Michael Yavenditti）教授的支持，並協助我找到他一九七〇年的重要論文〈美國大眾對於對日使用原子彈之反應，一九四五—一九四七年〉。感謝日本外國特派員協會的查爾斯・波莫洛（Charles Pomeroy），他專研戰後駐日外國記者的歷史，並為我解答了許多問題。我還要感謝新聞審查制度歷史學家麥可・史溫尼（Michael Sweeney）教授與第一修正案法律專家尚─保羅・賈西（Jean-Paul Jassy）。感謝電影歷史學家珍妮・貝辛格（Jeanine D. Basinger）教授對於二戰時期美國商業電影、宣傳片、軍方媒體材料中呈現之日本人形象的諸多指導。感謝南加州大學公共外交中心主任王堅教授、南加州大學傳播與新聞學院院長葳蘿・貝伊（Willow Bay）、南加州大學喬・薩茲曼（Joe Saltzman）教授與喬佛瑞・科萬（Geoffrey Cowan）教授。感謝我的母校威廉斯學院的各位政治學、電影研究和歷史專家——亞歷山大・馬托維斯基（Aleksandar Matovski）教授、托馬斯・柯胡特（Thomas Kohut）教授、吉姆・薛帕德（Jim Shepard）教授與英子・丸子・施奈華教授。

我要對許多幫助我和我的團隊進行研究的檔案管理員致上最由衷的謝意，包括耶魯大學拜內克古籍善本圖書館的潔西卡・圖比斯（Jessica Tubis）與安妮・瑪麗・曼塔（Anne Marie Menta）；德州大學奧斯汀分校哈利蘭森中心的維吉妮雅・西摩（Virginia T. Seymour）；《紐約時報》檔案室的傑夫・羅斯（Jeff Roth）和亞倫・德拉克里耶（Alain Delaqueriere）；麥克阿瑟紀念圖書館暨檔案館的詹姆斯・佐貝（James W. Zobel）；《生活》雜誌攝影檔案室主任吉兒・戈登（Jill Golden）與《時代》公司檔案室的比爾・胡波（Bill Hooper）；康乃爾大學古籍善本館藏的愛莎・妮利（Eisha Neely）；哥倫比亞大學古籍善本圖書館的大衛・歐森（David A. Olson）、高紅燈和泰伊・瓊斯（Thai Jones）；紐約公共圖書館手稿、檔案與古籍部門的梅芮迪絲・曼（Meredith Mann）；史丹佛大學胡佛研究所圖書館暨檔案館的莎拉・派頓（Sarah Patton）和黛安娜・賽克絲（Diana L. Sykes）；美聯社企業檔案室的崔夏・蓋絲娜（Tricia Gesner）與法蘭契絲卡・皮塔蘿（Francesca Pitaro）；普林斯頓大學圖書館古籍善本暨特別館藏的愛瑪・薩柯妮（Emma M. Sarconi）與加百列・史威夫特（Gabriel Swift）；約翰甘迺迪總統圖書館的愛碧嘉・馬蘭貢（Abigail Malangone）與麥特・波特（Matt Porter）；《浮華世界》（*Vanity fair*）攝影研究主任珍妮・蘿茲（Jeannie Rhodes）；康泰納仕圖書館的迪爾德麗・麥凱比・諾蘭（Deirdre McCabe Nolan）；日本外國特派員協會的森脇寬子；杜魯門圖書館暨博物館的蘭迪・索威（Randy Sowell）與大衛・克拉克（David Clark）；耶魯大學圖書館手稿與檔案室的比爾・蘭迪斯（Bill Landis）和克莉絲汀・魏德曼（Christine Weideman）；哈佛大學檔案館的參考資料工作人員和比佛利山莊公共圖書館的雅兒・赫克特（Yael Hecht）。

本書有幸參考許多先前未曾公布及發表的資料，我要感謝授權我使用資料並在書中引用的人士，包括近藤（谷本）紘子與我分享她的舊家庭照片，並允許我摘錄她父親未公開的日記與信件；赫西傳記先驅作者大衛・桑德斯（David Sanders）的兒女史考特、邦妮和彼得・桑德斯（Scott, Bonnie, and Peter D. Sanders）找出父親訪問赫西時的筆記；萊斯莉・蘇薩與我分享她未發表的部分書稿，其中詳細描述了她父親在原爆後的廣島的經歷。

在戰爭報導文化方面，幾位當代的記者與製作人為我提供了聯絡人，並給予諸多支持與指導，包括湯姆・貝塔格（Tom Bettag）、約翰・唐納文（John Donvan）和傑克・勞倫斯（Jack Laurence）。感謝大衛・穆爾（David Muir）提供關於在核災區報導的指導。我要由衷感謝美國公共電視新聞網（PBS）的《新聞時刻》（*NewsHour*）與臉書 Watch 視訊平臺「關鍵時刻」（That Moment When）的團隊——莎拉・賈斯特（Sara Just）、詹姆斯・布魯（James Blue）、黛娜・沃爾夫（Dana Wolfe）、史帝夫・哥布倫（Steve Goldbloom）與梅麗莎・威廉斯（Melissa Williams），非常感謝他們拍攝一集節目講述本書的形成，以及書中記錄的事件歷久不衰的重要性。《時代》雜誌的布萊恩・班奈特（Brian Bennett）提供了重要的洞見、支持和聯絡人；他的妻子安妮・班奈特（Anne

Tsai Bennett）為我在國務院方面取得重要的進展，我對他們夫婦倆深深感激。我還要感謝PBS《新聞時刻》資深國內線記者安瑪娜・娜瓦茲（Amna Nawaz）、PBS《新聞時刻》外交與國防組副資深製作人丹恩・薩加林（Dan Sagalyn）、戰地記者與作家蓋兒・策馬赫・雷蒙（Gayle Tzemach Lemmon）與她的丈夫賈斯汀・雷蒙（Justin Lemmon）的支持與重要引介。感謝奇普・克朗凱（Chip Cronkite）打從最初的支持、ABC新聞的記者凱倫・查維斯（Karen Travers）和葛洛莉雅・里維拉（Gloria Riviera）、ABC新聞國際組的基里特・拉迪亞（Kirit Radia）、ABC新聞駐莫斯科撰稿人派崔克・里維爾（Patrick Reevell）、《城裡城外》（*Town & Country*）雜誌的伊麗莎白・安吉爾（Elizabeth Angell）、《浮華世界》的大衛・費里安（David Friend）、《紐約時報》的安雅・史崔澤曼（Anya Strzemein）和《巴黎評論》（*Paris Review*）的前總編輯妮可・魯迪克（Nicole Rudick）。

幾位赫西的舊友、學生與同事慷慨地分享了他們的經歷與回憶，包括蘿絲・史黛隆（Rose Styron）、瑪格麗特・布萊史東（Margaret Blackstone）、珍・歐萊莉（Jane O'Reilly）、菲莉絲・蘿絲（Phyllis Rose）、大衛・沃考斯基（David Wolkowsky）、羅斯・克雷邦（Ross Clairborne）、琳恩・考菲（Lynn Mitsuko

Higashi Kaufelt）與菲爾・卡普托（Phil Caputo）——感謝每一位的協助。感謝納桑尼爾・索貝爾（Nathaniel Sobel）與我分享他在耶魯大學以赫西為題的學位論文與研究材料。

我還要感謝我在賽門舒斯特出版社（Simon & Schuster）的團隊，包括琪波拉・貝齊（Tzipora Baitch）不懈的支持、指引與組織；審稿編輯大衛・契薩諾（David Chesanow）肩負審查本書這個龐雜的任務，並在其中展現非凡的耐心，以及資深設計師盧艾琳・波蘭珂（Lewelin Polanco）。另外還有賽門舒斯特出版社行銷團隊的史蒂芬・貝佛德（Stephen Bedford）、法律顧問費莉絲・賈薇（Felice Javit）、製作編輯凱西・樋口（Kathy Higuchi）、資深公關布里安娜・莎芬柏（Brianna Scharfenberg）、公關主任茱莉雅・普羅瑟（Julia Prosser）和封面設計師瑞奇・赫森柏格（Rich Hasselberger）。我要感謝我的電影經紀人匿名內容（Anonymous Content）公司的豪伊・桑德斯（Howie Sanders）與他的同事塔拉・蒂明斯基（Tara Timinsky），他們在我的研究的最初階段給予大力的支持。也要向我在倫敦的文學經紀人賈思潘・丹尼斯（Caspian Dennis）與史庫萊柏出版社（Scribe Publications）負責本書的編輯亨利・羅森布倫（Henry Rosenbloom）致上最深的謝意。此外，莎夏・歐蒂諾娃（Sasha Odynova）、藤井萌子和安妮・漢彌爾頓（Annie Hamilton）亦提供重要的研究支援。

感謝琳恩・諾薇克（Lynn Novick）、莎莉・奎恩（Sally Quinn）、《中國新聞》的西本雅實、日本外國特派員協會的丹恩・史隆（Dan Sloan）、蘇菲・萍克姆（Sophie Pinkham）、莉絲・席林格（Liesl Schillinger）、格琳妮絲・麥尼坷（Glynnis MacNicol）、馬克・羅佐（Mark Rozzo）、安迪・劉易士（Andy Lewis）、ABC新聞的范恩・史考特二世（Van Scott Jr.）、茱莉・湯森（Julie Townsend）、蓋蒂影像（Getty Images）的米歇爾・普萊斯（Michelle Press）、神祕碼頭書屋（Mystery Pier Books, Inc.）哈維・傑森（Harvey Jason）、休斯・賈西亞（Hugues Garcia）、艾蜜莉・倫茲娜（Emily Lenzner）、寇特妮・朵寧（Courtney Dorning）、傑佛瑞・尼利（Jeffrey Neely）博士、凱特琳・瑪薩雷莉（Katelyn Massarelli）、哈考特出版社（Houghton Mifflin Harcourt）的亞歷山大・利特菲（Alexander Littlefield）、塔琳・羅德（Taryn Roeder）、茱莉雅・德姆琴科（Julia Demchenko）、梅麗莎・哥斯坦（Melissa Goldstein）、海瑟・卡爾（Heather Carr）、肯特・沃夫（Kent Wolf）、洛琳和莎迪・史坦（Lorin and Sadie Stein）、赫伯・強生（Herb Johnson）、麗絲・強生（Lise Angelica Johnson）、恩娜・里斯納（Ene Riisna）、詹姆斯・格林菲（James Greenfield）、艾力克・沃德（Alex

Ward）、莎拉・羅森伯格（Sarah Rosenberg）、梅琳達・艾倫斯（Melinda Arons）、金・佩斯（Jin Pace）、姬蓮・勞布（Gillien Laub）、《巴黎評論》的蘿瑞・朵爾（Lori Dorr）、哈桑・艾塔夫（Hasan Altaf）、懷利文學經紀公司（Wylie Agency）的奧斯丁・穆勒（Austin Mueller）和普林斯頓大學媒體權利授權部。

本書的寫作，部分是為了紀念我的父親，他在新聞導播室將我拉拔長大，他也是新聞道德與新聞中立的強力倡議者。此外，若非我的丈夫兼長期合作者葛瑞格里・麥士克（Gregory Macek）提出的問題，這本書也許根本不會存在，是他的提問啟動了整個計畫。與我的上一本書《所有人都行為不良》（*Everybody Behaves Badly*；暫譯）一樣，本書既是屬於我，也是屬於他的成就。謹以本書向我們共同的新聞編輯室背景致敬，並頌讚我們值此之際更堅信不移的最高價值，那就是——追求真相、正義與榮譽。

詞彙對照表

A

A Bell for Adano	《阿達諾之鐘》
ABC	美國廣播公司
Acme News pictures, Inc.	頂點新聞圖片社
Adam Gopnik	亞當・高普尼克
Air Training Command	空軍訓練司令部
Akron	艾克朗
Albert Einstein	亞伯特・愛因斯坦
Albuquerque	阿布奎基
Alfred Eisenstaedt	阿弗雷德・艾森史塔特
Alfred Knopf	阿弗雷德・克諾夫
Algonquin Hotel	阿岡昆飯店
American Civil Liberties Union	美國公民自由聯盟
Andrei Gromyko	安德烈・葛羅米柯
Arthur Gelb	亞瑟・蓋博
Asahi Shimbun	《朝日新聞》
Asano Park	淺野公園
Asia Pacific Initiative	亞太倡議

Assistant Secretary of Defense for Global Strategic Affairs	國防部全球戰略事務助理部長
Associated Press	美聯社
Astoria Stakes	雅仕多莉亞錦標賽
Atomic Bomb Casualty Commission	原子彈傷害委員會
Atomic Energy Act	《原子能法》
Atomic Plague	《原子瘟疫》
Atomic Heritage Foundation	原子科學遺產基金會

B

Baird Hersey	貝爾德・赫西
Bataan Death March	巴丹死亡行軍
Beinecke Rare Book & Manuscript Library	拜內克古籍善本圖書館
Bernard Baruch	伯納・巴魯克
Bikini Atoll	比基尼環礁
Bill Lawrence	比爾・勞倫斯
Bill Leonard	比爾・萊諾
Bing Crosby	賓・克羅斯比
Blanche Knopf	布蘭琪・克諾夫
Blowing Rock	布洛岩
Blue Ridge Mountains	藍嶺山脈
Brother Gropper	葛洛柏修士
Brendan Gill	布蘭登・基爾
Bulletin	《公報》

C

Candler School of Theology at Emory University	艾默里大學坎德勒神學院
Caspar Weinberger	卡斯帕・溫伯格
CBS	哥倫比亞廣播公司
Carmen Peppe	卡曼・佩普
Charles J. Kelly	查爾斯・凱利
Charles E. Martin	查爾斯・馬丁
Charles Rea	查爾斯・瑞亞
Charles Ross	查爾斯・洛斯
Charon	卡戎
Chesterfield	騎仕德
Chicago Daily News	《芝加哥每日新聞》
Chicago Sun	《芝加哥太陽報》
Clark Lee	克拉克・李
Cold Spring Harbor	冷泉港
Command and General Staff School	美國陸軍指揮參謀學院
Condé Nast Publications	康泰納仕出版集團
Connecticut	康乃狄克郊區
Court of St. James's	聖詹姆士宮廷
Culver City	卡弗市

D

Dai-ichi Life Insurance Company	第一生命保險
Daily Express	《每日快報》
Dawn Over Zero	《零的黎明》

Daniel A. McGovern 丹尼爾・麥高文
Daniel Lang 丹尼爾・朗
David Bradbury 大衛・布萊伯利
Dean Acheson 迪恩・艾奇遜
Domei 同盟通信社
Doomsday Clock 末日鐘
Dwight D. Eisenhower, 艾森豪將軍

E

E. B. White E・B・懷特
Ed and Pegeen Fitzgerald 艾德與佩姬・費茲傑羅
Elizabeth Arden 伊麗莎白雅頓
Emperor Hirohito 裕仁天皇
Enola Gay 艾諾拉蓋伊號

F

Fat Man 「胖子」
Fiorello La Guardia 拉瓜迪亞
Flying Fortresses 空中堡壘轟炸機
Fort Leavenworth 李文沃斯堡陸軍基地
Franklin D. Roosevelt 羅斯福
Frances Ann 法蘭西絲・安
Frayne Baker 佛萊恩・貝克
Fukai 深井
Fumio Shigeto 重藤文夫

G

Geiger counter	蓋革計數器
General Douglas MacArthur	麥克阿瑟將軍
George Hicks	喬治・希克斯
George L. Harrison	喬治・哈里森
George R. Caron	喬治・卡隆
George S. Patton	喬治・巴頓
George Weller	喬治・韋勒
Gregg	格雷格速記法
Guadalcanal	瓜達康納爾島

H

Harold Ross	哈洛德・羅斯
Harry S. Truman	杜魯門
Harvey H. Bundy	哈維・邦迪
Hatsuyo Nakamura	中村初代
Hazel Bishop	海瑟畢夏
Headliner	頭條號
Henry L. Stimson	亨利・史汀生
Henry Luce	亨利・魯斯
Herbert Susann	賀伯特・蘇薩
Hi Jinx	《嗨！金珂絲》
Hickam Field	希肯基地
Hidehiko Yuzaki	湯崎英彥
Hideki Tojo	東條英機
Hiroshima	〈廣島〉

Jerry Brown	傑瑞・布朗
Jesuit Missions	《耶穌會傳道誌》
Jinx Falkenburg	金珂絲・法肯珀
Joan Crawford	瓊・克勞馥
Joel Sayre	喬爾・賽爾
Johannes Siemes	約翰尼斯・西姆斯
John D. Montgomery	約翰・蒙哥馬利
John Fitzgerald Kennedy	約翰・費茲傑羅・甘迺迪
John Hersey	約翰・赫西
John Reagan "Tex" McCrary	麥凱瑞
John V. Roos	約翰・魯斯
Joint Army-Navy Task Force Number One	第一陸海軍聯合特遣艦隊
Joseph Grew	約瑟夫・格魯
Joseph Julian	約瑟夫・朱利安
Joseph Kennedy	約瑟夫・甘迺迪
Joseph McCarthy	約瑟夫・麥卡錫
Joseph Stalin	約瑟夫・史達林
Judith Jones	茱蒂絲・瓊斯

K

Kamai	蒲井
Karl T. Compton	卡爾・康普頓
Kazumi Mizumoto	水本和實
Kempeitai	憲兵隊
Kennette Benedict	康妮特・班奈迪克

Key West	佛羅里達西礁島
Kikuki	菊木
Koko Tanimoto Kondo	近藤（谷本）紘子
Kyushu Imperial University	九州帝國大學

L

Landing ships, Tank	坦克登陸艇
Laurence Olivier	勞倫斯・奧立佛
LeGrande A. Diller	萊格蘭德・迪勒
Lesley M. M. Blume	萊斯莉・布魯姆
Leslie Nakashima	中島覺
Leslie R. Groves	萊斯利・格羅夫斯
Lewis Gannett	劉易斯・葛內特
Lieutenant Colonel B. W. Davenport	B・W・戴凡波特中校
Life	《生活》雜誌
Lillian Ross	莉莉安・蘿絲
Lincoln Continental Cabriolets	林肯大陸敞篷車
Little Boy	「小男孩」
Lindesay Parrott	林賽　帕洛特
Los Alamos	洛斯阿拉莫斯
Louella Parsons	露艾拉・帕森絲
Louis Forster	路易斯・佛斯特

M

Makoto Takakura	高倉誠
Manhattan Project	曼哈頓計畫

Marshall Islands	馬紹爾群島
Martha's Vineyard	瑪莎葡萄園島
Mary McCarthy	瑪麗・麥卡錫
Masao Tsuzuki	都築正男
McGeorge Bundy	麥喬治・邦迪
Men on Bataan	《巴丹半島的男人》
Metropol hotel	大都會飯店
Michael Gates Gill	麥可・基爾
Michael J. Yavenditti	麥可・雅凡蒂提
Michael O'Brien	麥可・歐布萊恩
Mikhail Ivanov	米哈伊爾・伊凡諾夫
Milton Greenstein	米爾頓・葛林斯坦
Minoru Yuzaki	湯崎稔
Monterey Peninsula Herald	《蒙特利半島先驅報》
Mount Fuji	富士山
Murakami	村上

N

NBC	全國廣播公司
New York Daily News	《紐約每日新聞》
New York Post	《紐約郵報》
New Yorker	《紐約客》
New York Herald Tribune	《紐約先驅論壇報》
New York Times	《紐約時報》
Newsweek	《新聞週刊》
Noboricho	幟町

Norman Cousins 諾曼・卡森斯
Norman Mailer 諾曼・梅勒

O

Oahu 歐胡島
Old Overholt 歐豪特
Oskar Kurganov 奧斯卡・庫加諾夫

P

Panhandle 潘漢德爾
Pater Franz-Anton Neyer 法蘭茲—安東・奈耶神父
Peabody Awards 皮博迪獎
Perma-Lift 蓓瑪托高
Philip Morrison 菲利普・莫里森
Potsdam Conference 波茨坦會議
Pravda 《真理報》
PT boat 魚雷快艇

R

R. Hawley Truax 豪利・楚艾克斯
Ralph Edwards 雷夫・愛德華茲
Raoul Fleischmann 拉烏・費萊希曼
Raymond Swing 雷蒙・史溫
Reader's Digest 《讀者文摘》
Rebecca West 瑞貝卡・韋斯特
Reverend Kiyoshi Tanimoto 谷本清牧師

Robert Lewis 羅伯特・劉易士
Robert Saudek 羅伯・索戴克
Rockefeller Center 洛克菲勒中心
Rodeo Day 牛仔節
Richard Lauterbach 理察・勞特巴赫
Richard Perle 理查・珀爾
Rip's Tennis Courts 瑞普網球場
Rudolph A. Winnacker 魯道夫・溫納克
Russell Brines 羅素・布萊恩斯

S

S. I. Newhouse Jr. 紐豪斯二世
San Francisco Chronicle 《舊金山紀事報》
Satsue Yoshiki 吉木幸枝
Saturday Review of Literature 《週六文學評論》
SCAP 駐日盟軍總司令部
secretary of the navy 美國海軍部長
Senate Special Committee on Atomic Energy 美國參議院原子能特別委員會
Shanghai Evening Post 《大美晚報》
Shukkei-en Garden 縮景園
Sinclair Lewis 辛克萊・路易斯
Skull and Bones 骷髏會
Society of Jesus's Central Mission and Parish House 耶穌會中央傳道會院
Solomon Islands 索羅門群島

U

Ujina	宇品
Underwood	安德伍
United Nations Atomic Energy Commission	聯合國原子能委員會
United Press	合眾通訊社
Union of Soviet Socialist Republics	蘇維埃社會主義共和國聯邦
UPI	合眾國際社
U.S. Army Air Corps' First Motion Picture Unit	美國陸軍航空兵團第一影視組
U.S. Atomic Energy Commission	美國原子能委員會
U.S. commander of the Eighth Army	美國陸軍第八軍團長
U.S. Strategic Bombing Survey	美國戰略轟炸調查團
U.S. Army Air Force	美國陸軍航空部隊
U.S. Naval Group China	中美特種技術合作所
Ushita	牛田
USS Ancon	安貢號
USS Missouri	密蘇里號戰艦

V

Victory in Europe Day, or V-E Day	歐戰勝利日
Victory over Japan Day, or V-J Day	對日戰爭勝利日
Vyacheslav M. Molotov	維亞切斯拉夫・莫洛托夫

W

Walter Cronkite	華特・克朗凱

參考資料

1. "John Hersey and the American Conscience: The Reception of 'Hiroshima,' " *Pacific Historical Review* 43, no. 1 (February 1974).
2. "Statistics of Damages Caused by Atomic Bombardment, August 6, 1945," Foreign Affairs Section, Hiroshima City.
3. John Hersey, "Hiroshima," *New Yorker*, August 31, 1945.
4. "Japan: To Count the Dead," *Time*, August 10, 1970.
5. President Harry S. Truman, "Statement by the President of the United States," White House Press Release, August 6, 1945.
6. Walter Cronkite, *A Reporter's Life* (New York: Alfred A. Knopf, Inc., 1996).
7. E. B. White, *New Yorker*, August 18, 1945.
8. Sidney Shalett, "New Age Ushered; Day of Atomic Energy HaiLED by President, Revealing Weapon," *New York Times*, August 7, 1945.
9. Arthur Gelb, *City Room* (New York: G. P. Putnam's Sons, 2003).
10. Monica Braw, *The Atomic Bomb Suppressed: American Censorship in Japan* (Armonk, NY: M. E. Sharpe, Inc., 1991).
11. William Coughlin, *Conquered Press: The MacArthur Era in Japanese Journalism* (Palo Alto, CA: Pacific Books, 1952).
12. Cyril Clemens, ed., *Truman Speaks* (New York: Columbia University Press, 1960).
13. "Hearings: Atomic Energy Act of 1945," Michael J. Yavenditti.
14. Sean Malloy, " 'A Very Pleasant Way to Die': Radiation Effects and the Decision to Use the Atomic Bomb against Japan," *Diplomatic History* 36

(June 2012).
15. John Hersey, "The Mechanics of a Novel," *Yale University Library Gazette* 27, no. 1 (July 1952).
16. https://www .nationalww2museum.org/students-teachers/ student-resources/research-starters/research-starters-worldwide-deaths-world-war.
17. "The Ministry of Defense Clarifies Data on Those KilLED in the Second World War," *Kommersant*, May 5, 2010.
18. "U.S. Military Casualties in World War II," National WWII Museum, referenced in November 2019.
19. LewisGannett, "Books and Things," *New York Herald Tribune*, August 29, 1946.
20. John Hersey, "A Mistake of Terrifically Horrible Proportions," *Manzanar* (New York: Times Books, 1988).
21. "Japanese Relocation During World War II," National Archives, referenced in November 2019: https://www.archives.gov/education/lessons/japanese-relocation
22. Lifton and Greg Mitchell, *Hiroshima in America* (New York: G. P. Putnam's Sons, 1995).
23. Michael J. Yavenditti, "John Hersey and the American Conscience,".
24. John Hersey, *Into the Valley* (New York: Schocken, 1989).
25. "A Survey of Radio Comment on the Hiroshima Issue of the new yorker, September 6, 1946, by Radio Reports, Inc.," *New Yorker* records, New York Public Library.
26. "The War Is Won, but the Peace Is Not" David E. Rowe and Robert Schulmann, eds., *Einstein on Politics: His Private Thoughts and Public Stands on Nationalism, Zionism, War, Peace, and the Bomb* (Princeton, NJ: Princeton University Press, 2007).
27. John Hersey, "John Hersey, The Art of Fiction No. 92," interview by Jonathan Dee, *Paris Review*, no. 100 (Summer–Fall 1986).
28. "Tsar Bomba," Atomic Heritage Foundation, August 8, 2014, referenced

November 25, 2019, https://www .atomic heritage.org/history/tsar-bomba

29. "Einstein at Seventy," *Liberal Judaism* (May–June 1949).
30. David E. Rowe and Robert Schulmann, eds., *Einstein on Politics: His Private Thoughts and Public Stands on Nationalism, Zionism, War, Peace, and the Bomb* (Princeton, NJ: Princeton University Press, 2007).
31. "Closer than ever: It is 100 seconds to midnight: 2020 Doomsday Clock Statement, " *Bulletin of the Atomic Scientists*, John Mecklin, ed., January 23, 2020, https://thebulletin.org/doomsday-clock/current-time/
32. Alida R. Haworth, Scott Sagan, and Benjamin A. Valentino, "What do Americans Really Think about Conflict with Nuclear North Korea? The Answer is Both Reassuring and Disturbing," *Bulletin of the Atomic Scientists*, July 2, 2019: https://thebulletin.org/2019/07 /what-do-americans-really-think-about-conflict-with-nuclear-north-korea-the-answer-is-both-reassuring-and-disturbing/
33. John Hersey, *Here to Stay* (New York: Alfred A. Knopf, Inc., 1963).
34. Meyer Berger, "Lights Bring Out Victory Throngs," *New York Times*, May 9, 1945.
35. Paper Salvage Lowered by V-E Day Celebrations," *New York Times*, May 10, 1945.
36. "Life Goes to Some V-E Day Celebrations," *Life*, May 21, 1945.
37. "Winchell Coast-to-Coast," *Daily Mirror*, July 6, 1944.
38. John McChesney, "John Hersey '32: The Novelist," *Hotchkiss Magazine*, July 1965.
39. Russell Shorto, "John Hersey: The Writer Who Let 'Hiroshima' Speak for Itself," *New Yorker*, August 31, 2016.
40. Judith Jones, VP, Knopf, "As Others Saw Him," *Yale Alumni Magazine*, October 1993.
41. "John Hersey Interview, Expanded Notes".
42. Alan Brinkley, *The Publisher: Henry Luce and His American Century* (New York: Random House, Inc., 2010).

43. Alden Whitman, "Henry R. Luce, Creator of Time-Life Magazine Empire, Dies in Phoenix at 68," *New York Times*, March 1, 1967.
44. Theodore H. White, *In Search of History: A Personal Adventure* (New York: Harper & Row, Publishers, Inc., 1978).
45. John Hersey, "Henry Luce's China Dream," *New Republic*, May 2, 1983, as reprinted in John Hersey, *Life Sketches* (New York: Alfred A. Knopf, Inc., 1989).
46. Thomas Griffith, *Harry & Teddy: The Turbulent Friendship of Press Lord Henry R. Luce and His Favorite Reporter, Theodore H. White* (New York: Random House, Inc., 1995).
47. John Hersey, "Note," *Life Sketches*.
48. Robert E. Herzstein, *Henry R. Luce,* Time*, and the American Crusade in Asia.*
49. John Hersey, "After Hiroshima: An Interview with John Hersey," *Antaeus Report*, Fall 1984.
50. Richard L. Strout, "V-E Day: A Grand Anticlimax for Some," *Christian Science Monitor*, May 8, 1945.
51. Harrison E. Salisbury, *A Journey for Our Times: A Memoir* (New York: Harper & Row, Publishers, Inc., 1983).
52. Bill Lawrence, *Six Presidents, Too Many Wars* (New York: Saturday Review Press, 1972).
53. Jay Walz, "Atom Bombs Made in 3 Hidden 'Cities,' " *New York Times*, August 7, 1945.
54. William L. Laurence, *Dawn Over Zero: The Story of the Atomic Bomb* (New York: Alfred A. Knopf, Inc., 1946).
55. William L. Laurence, "Atomic Bombing of Nagasaki Told by Flight Member," *New York Times*, September 9, 1945.
56. Sidney Shalett, "First Atomic Bomb Dropped on Japan; Missile Is Equal to 20,000 Tons of TNT; Truman Warns Foe of a 'Rain of Ruin,' " *NewYork Times*, August 7, 1945.

57. Robert S. Norris, *Racing for the Bomb* (South Royalton, VT: Steerforth Press L.C., 2002).
58. "Tokyo Radio Says Hiroshima Hit by Parachute Atomic Bombs," United Press, August 7, 1945.
59. Alexander Feinberg, "All City 'Lets Go': Hundreds ofThousands Roar Joy After Victory Flash is Received," *New York Times*, August 15, 1945.
60. "City Police Prepared for V-J Celebration," *New York Herald Tribune*, August 9, 1945.
61. "Mayor Proclaims Two Victory Days," *New York Times*, August 15, 1945.
62. Leslie Nakashima, "Hiroshima as I Saw it," United Press, August 27, 1945.
63. "Hiroshima Gone, Newsman Finds," *New York Times*, August 31, 1945.
64. "Japanese Reports Doubted," *New York Times*, August 31, 1945.
65. Wilfred Burchett, "The Atomic Plague," *Daily Express*, September 5, 1945.
66. Wilfred Burchett, *Shadows of Hiroshima* (London: Verso Editions, 1983).
67. *Public Enemy Number One*, David Bradbury, 1981.
68. W. H. Lawrence, "Visit to Hiroshima Proves It World's Most-Damaged City," *New York Times*, September 5, 1945.
69. W. H. Lawrence, "Atom Bomb KilLED Nagasaki Captives," *New York Times*, September 9, 1945.
70. Michael Yavenditti, "American Reactions to the Use of Atomic Bombs on Japan, 1945–1947," dissertation for doctorate of philosophy, University of California, Berkeley, 1970.
71. Charles J. Kelly, *Tex McCrary: Wars, Women, Politics:An Adventurous Life Across the American Century* (Lanham, MD: Hamilton Books, 2009).
72. Richard Severo, "Tex McCrary Dies at 92; Public Relations Man Who Helped Create Talk-Show Format," *New York Times*, July 30, 2003.
73. Dickson Hartwell and Andrew A. Rooney, *Off the Record: Inside Stories from Far and Wide Gathered by Members of the Overseas Press Club* (New York: DoubLEDay & Company, Inc., 1953).
74. Charles J. Kelly, *Tex McCrary*.

75. Clark Lee, *One Last Look Around* (New York: Duell, Sloan, and Pearce, 1947).
76. Wilfred Burchett, *Shadows of Hiroshima.*
77. George Weller, *First into Nagasaki: The Censored Eyewitness Dispatches on Post-Atomic Japan and Its Prisoners of War*, edited by Anthony Weller (New York: Three Rivers Press, 2006).
78. "From Dazzling to Dirty and Back Again: A Brief History of Times Square," Times Square: The Official Website: https://www.timessquarenyc.org/history-of-times-square.
79. "News Paper Spires: From Park Row to Times Square: New York Times Annex," Skyscraper Museum website: https://www.skyscraper.org/EXHIBITIONS/PAPER_SPIRES/nw14_ta.php.
80. Brendan Gill, *Here at* The New Yorker (New York: Random House, Inc., 1974).
81. Harold Ross, "The New Yorker Prospectus," Fall 1924, as reprinted in Thomas Kunkel, *Genius in Disguise* (New York: Carroll & Graf Publishers, Inc., 1995).
82. Wolcott Gibbs, "Time . . . Fortune . . . Life . . .Luce," *New Yorker*, November 28, 1936.
83. http://visithiroshima.net/about/
84. "John Hersey, Interview with Herbert Farmet," Oral History Research Office, Columbia University, December 8, 1976.
85. Michael O'Brien, *John F. Kennedy: A Biography* (New York: St. Martin's Press, 2005).
86. Janet Flanner, "Introduction: The Unique Ross," in Jane Grant, *Ross,* The New Yorker*, and Me* (New York: Reynal and Company, Inc., 1968).
87. Lillian Ross, *Here but Not Here: A Love Story* (New York: Random House, Inc., 1998).
88. Ben Yagoda, *About Town.*
89. Jane Grant, *Ross,* The New Yorker*, and Me.*

90. Janet Flanner, “Letter from Cologne,” *New Yorker*, March 31, 1945.
91. Robert Dallek, *An Unfinished Life: John F. Kennedy, 1917–1963* (New York: Little, Brown, and Company, 2003).
92. Eric Pace, “William Shawn, 85, is Dead; *New Yorker*’s Gentle Despot,” *New York Times*, December 9, 1992.
93. “The Biggest Story in History. . . and He Was the Only Reporter There!,” *New York Times* circular to advertisers, undated, *New York Times* archives.
94. Robert ＳＩＭpson, “The Infinite ＳＩＭal and the Infinite,” *New Yorker*, August 18, 1945.
95. “The Tokyo Express: A *Life* Photographer Takes a Ride to Hiroshima on Japan’s Best Train,” *Life*, October 8, 1945.
96. “William Laurence: Science Reporter,” Internal *New York Times* employee sketch, June 20, 1952, *New York Times* archives.
97. William L. Laurence, “U.S. Atom Bomb Site Belies Tokyo Tales,” *New York Times*, September 12, 1945.
98. Daniel Lang, “A Fine Moral Point,” *New Yorker*, June 8, 1946.
99. William H. Lawrence, “No Radioactivity in Hiroshima Ruin,” *New York Times*, September 13, 1945.
100. “To Our Readers,” *New Yorker*, August 31, 1945.
101. John Hersey, “The Marines on Guadalcanal,” *Life*, November 9, 1942.
102. NARA Ａ, SCAP, “List of Papers, No. 000.76, File ＃ 3, Sheet ＃ 1, April 23—June 24, 1946.
103. Greg Mitchell, *Atomic Cover-up: Two U.S. Soldiers,Hiroshima & Nagasaki, and the Greatest Movie Never Made* (New York: Sinclair Books, 2012).
104. Anthony Weller, ed., *Weller’s War* (New York: Three Rivers Press, 2009).
105. John Hersey, American Audio Prose Library interview with Kay Bonetti, 1988.
106. John Hersey, “Joe Grew, Ambassador to Japan: America’s Top Career Diplomat KnowsHow to Appease the Japanese or Be Stern with Them,”

Life, July 15, 1940.

107. "The Battle of the River," *Life*, November 23,1942.
108. Russell Brines, *MacArthur's Japan* (Philadelphia: J. B. Lippincott Company, 1948).
109. John Hersey, "Letter from Chungking," *New Yorker*, March 7, 1946.
110. Bob Considine, *It's All News to Me: A Reporter's Disposition* (New York: Meredith Press, 1967).
111. "Operation Crossroads: Fact Sheet," Naval History and Heritage Command, U.S. Navy official website: https://www.history.navy.mil/about-us.html.
112. William L. Laurence, "Blast Biggest Yet," *New York Times*, July 25, 1946.
113. John Hersey, "A Reporter in China: Two Weeks' Water Away—II," *New Yorker*, May 25, 1946.
114. George Weller, *Weller's War*, edited by Anthony Weller.
115. Ray C. Anderson, Ph.D, M.D., *A Sojourn in the Land of the Rising Sun: Japan, the Japanese, and the Atomic Bomb Casualty Commission: My Diary, 1947–1949* (Sun City, AZ: Elan Press, 2005).
116. Norman Cousins, "John Hersey," *Book-of-the-Month Club News*, March 1950.
117. *Nippon Times*, "Over Here," September 22, 1946.
118. Greg Mitchell, "The Great Hiroshima Cover-Up—And the Greatest Movie Never Made," *Asia-Pacific Journal*9, issue 31, no. 4 (August 8, 2011).
119. Charles Pomeroy, ed., *Foreign Correspondents in Japan: Reporting a Half Century of Upheavals;From 1945 to the Present* (Rutland, VT: Charles E. Tuttle Company, 1998).
120. Memorandum, "Eyewitness Account of the Bombing of Hiroshima," Headquarters, U.S. Strategic Bombing Survey [Pacific], December 6, 1945.
121. Account of "Rev. John A. Siemes, S.J., professor of modern philosophy at Tokyo's Catholic University," *Time* Pacific pony edition, February 11, 1946.

122. Mark Gayn, *Japan Diary* (Rutland, VT: Charles E. Tuttle Company, 1981).
123. Joseph Julian, *This Was Radio: A Personal Memoir* (New York: The Viking Press, 1975).
124. "Correspondents in the Far East," Letter from F. G. Tillman, Liason Officer in Charge, to FBI Director, United States Department of Justice, Doc. 6275, Tokyo, Japan, June 10, 1946, the Records of the Federal Bureau of Investigation.
125. Monica Braw, *The Atomic Bomb Suppressed* (Armonk, NY: M. E. Sharpe, Inc., 1991).
126. Lindesay Parrott, "Hiroshima Builds Upon Atomic Ruins," *New York Times*, February 26, 1946.
127. John Hersey, "Letter from Peiping," *New Yorker*, May 4, 1946.
128. Winston Churchill, "Iron Curtain" speech, March 5, 1946, Archives of the Central Intelligence Agency: https://www.cia.gov/library/readingroom/docs/1946-03-05.pdf
129. "Invitation Travel Order AGPO 144-21, General Headquarters, United States Army Forces, Pacific, May 24, 1946.
130. Kiyoshi Tanimoto, "My Diary Since the Atomic Catastrophe, up to This Day".
131. Ursula Baatz, *Hugo Makibi Enomiya-Lasalle:Mittler zwischen Buddhismus und Christentum* (Kevelaer, Germany: Topos Taschenbücher, 2017), translated from German by Nadja Leonhard-Hooper.
132. On the Influence upon Plants of the Atomc Bomb in Hiroshima on August 6, 1945, Preliminary Report," undated, Kyoto University, John Hersey Papers, Beinecke Library, Yale University.
133. Michihiko Hachiya, M.D., *Hiroshima Diary: The Journal of a Japanese Physician, August 6–September 30, 1945, Fifty Years Later* (Chapel Hill: The University of North Carolina Press, 1995).
134. *New York Times* AP report published December 29, 1945, "Atom Bowl Game Listed; Nagasaki Gridiron Will Be Site of Marines' Contest

Tuesday" (dateline fiLED December 28).
135. *New York Times* U.P. report published January 3, 1946, "Osmanski's Team Wins: Sets Back Bertelli's Eleven by 14–13 in Atom Bowl Game" (dateline fiLED January 2, 1946).
136. Nagasaki, 1946: Football Amid the Ruins," *New York Times*, John D. Lukacs, December 25, 2005.
137. Kiyoshi Tanimoto, "Postscript: My Diary Since the Atomic Catastrophe," and Kiyoshi Tanimoto, "My Diary Since the Atomic Catastrophe up to This Day".
138. Masami Nishimoto, "History of Hiroshima: 1945–1995; Hugo Lassalle, Forgotten 'Father' of Hiroshima Cathedral," *Chugoku Shimbun*, Part 14, Article 2, December 16, 1995.
139. Pater Wilhelm Kleinsorge interview, *Bayersicher Rundfunk*,"Strahlen aus der Asche," 1960; translated from German by Nadja Leonhard-Hooper.
140. "Survivors of Hiroshima and Nagasaki," Atomic Heritage Foundation, Thursday, July 27, 2017: https://www.atomicheritage.org/history/survivors-hiroshima-and-nagasaki
141. John Hersey, "First Job," *Yale Review*, Spring 1987, as reprinted in John Hersey, *Life Sketches* (New York: Alfred A. Knopf, 1989).
142. Norman Cousins, "John Hersey," *Book of the Month Club News,* March 1950.
143. "Hickam Field," *Aviation: From Sand Dunes to Sonic Booms*, U.S. Department of theInterior, National Park Service website: https://www.nps.gov/articles/hickam-field.htm (as of March 14, 2019).
144. John Hersey, "The Novel of Contemporary History," *Atlantic Monthly*, 1949.
145. "A Preliminary Report on the Disaster in Hiroshima City Caused by the Atomic Bomb," Research Commission of the Imperial University of Kyoto, John Hersey Papers, Beinecke Library, Yale University.
146. "U.S. Strategic Bombing Survey: The Effects of the Atomic Bombings of

Hiroshima and Nagasaki," June 19, 1946.
147. "The Press: Six Who Survived," *Newsweek*, September 9, 1946.
148. James Thurber, *The Years with Ross* (Boston: Little, Brown and Company, 1959).
149. "Of All Things," *New Yorker*, February 21, 1925.
150. Thomas Vinciguerra, *Cast of Characters: Wolcott Gibbs, E. B. White, James Thurber, and the Golden Age of The New Yorker* (New York: W. W. Norton & Company, 2016).
151. Lindesay Parrott, "Japan Notes Atom Anniversary; Hiroshima Holds Civic Festival," *New York Times*, August 7, 1946.
152. "Japan: A Time to Dance," *Time*, August 19, 1946.
153. Executive Orders, Harry S. Truman, 1945–1953, Harry S. Truman Presidential Library & Museum website, https://www.trumanlibrary.org/executiveorders/index.php?pid=391&st=&st1=.
154. "Sanderson Vanderbilt, 57, Dies; *New Yorker* Editor Since 1938," *New York Times*, January 24, 1967.
155. Atomic Energy Act of 1946, Public Law 585, 79th Congress, Chapter 724, 2D Session, S. 1717.
156. "Ever-Ever Land?" *Newsweek*, September 9, 1946.
157. "Charles Elmer Martin, or CEM, New Yorker Artist, Dies at 85," *New York Times*, June 20, 1995.
158. Albert Einstein, speech at Hotel Astor, Nobel fifth anniversary, "The War Is Won, but the Peace Is Not," December 10, 1945, as quoted in David E. Rowe and Robert Schulmann, eds., *Einstein on Politics: His Private Thoughts and Public Stands on Nationalism, Zionism, War, Peace, and the Bomb* (Princeton, NJ: Princeton University Press, 2007).
159. "Without Laughter," *Time*, September 9, 1946.
160. Alfred A. Knopf, Inc., Archive, Harry Ransom Center, University of Texas at Austin.
161. Memorandum on the Use of the Hersey Article," August 30, 1946, *New*

Yorker records, New York Public Library. Regarding all parties agree to the announcement: "All in abeyance" noted on memorandum.

162. "Editorial for Peace," *Indianapolis News*, September 10, 1946.
163. "Time from Laughter," *New York Times*, August 30, 1946.
164. *New Yorker* records, New York Public Library.
165. Joseph Luft, "Reaction to John Hersey's 'Hiroshima' Story," UCLA report, July 14, 1947.
166. Mary McCarthy to Dwight MacDonald, *politics*, November 1946.
167. "Award Profile: *Hiroshima*, 1946, ABC Radio, Robert Saudek (Honorable Mention), Outstanding Education Program," Peabody website: http://www.peabodyawards.com/award-profile/hiroshima.
168. Bill Leonard, "This Is New York," WABC, August 30, 1946.
169. Raymond Swing, WJZ ABC, August 30, 1946.
170. Ed and Pegeen Fitzgerald, "The Fitzgeralds," WJZ NYC, August 31, 1946.
171. Alec Cumming and Peter Kanze, *New York City Radio* (Charleston, SC: Arcadia Publishing, 2013).
172. Jinx Falkenburg and Tex McCrary, "City of Decision," WEAF, September 4, 1946, 6:15 p.m.
173. Tex McCrary, *Hi Jinx*, WEAF, August 30, 1946, 8:30 a.m.
174. Earl Blackwell, President of the Celebrity Information and Research Service, Inc., letter to John Hersey, December 11, 1946.
175. "1946 Pulitzer Prize Winner in reporting: William Leonard Laurence of *The New York Times*," Pulitzer Prizes website: https://www.pulitzer.org/winners/william-leonard-laurence
176. Verner W. Clapp letter to John Hersey, September 3, 1946.
177. "Publication Proposal: Hiroshima," September 4, 1946, Alfred A. Knopf, Inc., Archive, Harry Ransom Center, University of Texas at Austin.
178. McGeorge Bundy interview with Robert Jay Lifton, 1994, as quoted in Robert Jay Lifton and Greg Mitchell, *Hiroshima in America* (New York: G. P. Putnam's Sons, 1995).

179. General Thomas Farrell letter to Bernard Baruch, September 3, 1946, as quoted in James Hershberg, *James B. Conant: Harvard to Hiroshima and the Making of the Nuclear Age* (New York: Alfred A. Knopf, 1993).
180. Maj. Cav. Robert J. Coakley to William Shawn, September 23, 1946, *New Yorker* records, New York Public Library.
181. General Leslie Groves, "Remarks of Major General L. R. Groves Before the Command and General Staff School, Fort Leavenworth, Kansas," September 19, 1946, Hoover Institution, Stanford University.
182. Norman Cousins, "The Literacy of Survival," *Saturday Review of Literature*, September 14, 1946.
183. "Use of A-Bomb CalLED Mistake," *Watertown Daily News*, September 9, 1946.
184. Report of the Committee on Political and Social Problems, Manhattan Project "Metallurgical Laboratory," University of Chicago, June 11, 1945, Atomic Heritage Foundation website: https://www.atomicheritage.org/key-documents/franck-report.
185. Kai Bird and Martin J. Sherwin, *American Prometheus: The Triumph and Tragedy of J. Robert Oppenheimer* (New York: Alfred A. Knopf, 2005).
186. Albert Einstein, "The Real Problem Is in the Hearts of Men," *New York Times Magazine*, June 23, 1946, as reprinted in David E. Rowe and Robert Schulmann, eds., *Einstein on Politics.*
187. Jennet Conant, *Man of the Hour: James B. Conant, Warrior Scientist* (New York: S I M on & Schuster, 2017).
188. "James B. Conant Is Dead at 84; Harvard President for 20 Years," *New York Times*, February 12, 1978.
189. Alice Kimball Smith, *A Peril and a Hope: The Scientists' Movement in America: 1945–47* (Chicago: The University of Chicago Press, 1965).
190. Leonard Lyons item, *New York Post*, October 7, 1946.
191. "Henry L. Stimson Dies at 83 in His Home on Long Island," *New York Times*, October 21, 1950.

192. General Leslie Groves, "Comments on Article by Secretary of War, Henry L. Stimson, *Harper's* Magazine, February 1947, Explains Why We Used the Atomic Bomb," undated, National Archives and Records Administration.

193. John Chamberlain, "The New Books," *Harper's*, December 1, 1946.

194. "National Affairs: 'Least Abhorrent Choice,' " *Time*, February 3, 1947.

195. "War and the Bomb," *New York Times*, January 28, 1947.

196. "The Soviet Union and International Cooperation," General Assembly of the United Nations, New York City, October 29, 1946.

197. V. M. Molotov, *Molotov Remembers: Inside Kremlin Politics*, edited by Albert Resis (Chicago: Ivan R. Dee, Inc., 1993).

198. "Atomic Race," *New York Herald Tribune*, August 30, 1946.

199. David Holloway, *Stalin and the Bomb: The Soviet Union and Atomic Energy, 1939–1956* (New Haven, CT: Yale University Press, 1994).

200. Alexander Werth, *Russia at War, 1941–1945*, as quoted in David Holloway, *Stalin and the Bomb*.

201. John Hersey, "Engineers of the Soul," *Time*, October 9, 1944, as quoted in Nancy L. Huse, *The Survival Tales of John Hersey* (Troy, NY: The Whitson Publishing Company, 1983).

202. David Remnick, "Gromyko: The Man Behind the Mask," *Washington Post*, January 7, 1985.

203. Hatsuyo Nakamura, "The First Interviews with Atomic Bomb Victims," *Asahigraph*.

204. John Hersey, "Hiroshima: The Aftermath," *New Yorker*.

205. Sasaki Toshiko, "First Interviews with Atomic Bomb Victims," *Asahigraph*, August 6, 1952, translated from Japanese by Ariel Acosta.

206. Ralph Edwards, *This Is Your Life*," NBC, May 11, 1955, https://www.YouTube.com/watch?v=KPFXa2vTErc

207. *Congressional Record: Proceedings and Debates of the 82nd Congress*, vol. 97, part 16.

208. "For Eisenhower, 2 Goals If Bomb Was to Be Used," *New York Times*, June 8, 1984, A8.
209. John Hersey, "The Wayward Press: Conference in Room 474," *New Yorker*, December 16, 1950.
210. John Hersey, "Profiles: Mr. President: I. Quite a Head of Steam," *New Yorker*, April 14, 1951.
211. "Harry Truman: 'The Japanese Were Given Fair Warning,' " *Atlantic*, February 1947.
212. "A Short Wait," in the June 14, 1947.
213. Review of Hersey's Japanese-language *Hiroshima*, *Tokyo Shimbun*, May 8, 1949.
214. Ralph Chapman, "All Japan Puts 'Hiroshima' on Best Seller List," *New York Herald Tribune*, May 29, 1949.
215. "Results of Investigation: Security of Government Employees: Arthur Baird Hersey," May 25, 1954, 1, the Records of the Federal Bureau of Investigation.
216. Oskar Kurganov, *Amerikantsy v Iaponii* (*Americans in Japan*), (Moscow: Sovetskii Pisatel', 1947), 11；*"little fright"* and *"no such 'atomic'. . ."*: Ibid., 53–54. Translated from Russian by Anastasiya Osipova.
217. Joseph Newman, "Soviet Writer Scoffs at Power of Atom Bomb; Says Nagasaki Destruction Was Not Nearly So Bad as Was Claimed by U.S." *New York Herald Tribune*, July 14, 1947.
218. R. Samarin, "Miles Americanus," *Soviet Literature*, 1949, as translated and excerpted in "A Cold War Salvo," Harry Schwartz, *New York Times Book Review*, July 17, 1949.
219. "Results of Investigation: Loyalty of Government Employees: Arthur Baird Hersey," June 19, 1950, 1, the Records of the Federal Bureau of Investigation.
220. Internal teletype, J. Edgar Hoover, June 2, 1950, the Records of the Federal Bureau of Investigation.

國家圖書館出版品預行編目資料

無聲的閃光：揭發美國最致命的政府掩蓋事件！首位報導廣島原爆真相的普立茲得獎記者 × 二十世紀美國新聞史上最偉大的秘密調查。/ 萊斯莉・布魯姆(Lesley M.M.Blume) 作；李珮華譯. -- 1 版. -- 臺北市：城邦文化事業股份有限公司尖端出版：英屬蓋曼群島商家庭傳媒股份有限公司城邦分公司尖端出版行銷業務部發行, 2022.08

面； 公分

譯自：**Fallout:** The Hiroshima Cover-up and the Reporter Who Revealed It to the World

ISBN 978-626-338-083-7（平裝）

1. CST: 第二次世界大戰 2. CST: 核子武器 3. CST: 新聞報導 4.CST: 日本廣島市

782.84　　111008385

無聲的閃光：揭發美國最致命的政府掩蓋事件！首位報導廣島原爆真相的普立茲得獎記者×二十世紀美國新聞史上最偉大的秘密調查。

（原名：Fallout: The Hiroshima Cover-up and the Reporter Who Revealed It to the World）

著者／萊斯莉・布魯姆（Lesley M.M. Blume）
執行長／陳君平
榮譽發行人／黃鎮隆
協理／洪琇菁
總編輯／周于殷
譯者／李珮華
美術總監／沙雲佩
美術編輯／方品舒
企劃主編／蔡旻潔
企劃宣傳／楊玉如、施語宸、洪國瑋
國際版權／黃令歡、梁名儀
文字校對／陳寬茵
內文排版／謝青秀

出版／城邦文化事業股份有限公司 尖端出版
台北市中山區民生東路二段一四一號十樓
電話：（〇二）二五〇〇－七六〇〇
傳真：（〇二）二五〇〇－二六八三
E-mail：7novels@mail2.spp.com.tw

發行／英屬蓋曼群島商家庭傳媒股份有限公司城邦分公司 尖端出版
台北市中山區民生東路二段一四一號十樓
電話：（〇二）二五〇〇－七六〇〇（代表號）
傳真：（〇二）二五〇〇－一九七九

中彰投以北經銷／楨彥有限公司（含宜花東）
電話：（〇二）八九一九－三三六九
傳真：（〇二）八九一四－五五二四

雲嘉以南／智豐圖書有限公司
（嘉義公司）電話：（〇五）二三三－三八五二
傳真：（〇五）二三三－三八六三
（高雄公司）電話：（〇七）三七三－〇〇七九
傳真：（〇七）三七三－〇〇八七

香港經銷／城邦（香港）出版集團有限公司
香港灣仔駱克道一九三號東超商業中心一樓
電話：（八五二）二五〇八－六二三一
傳真：（八五二）二五七八－九三三七
E-mail：hkcite@biznetvigator.com

新馬經銷／城邦（馬新）出版集團 Cite（M）Sdn. Bhd.
E-mail：cite@cite.com.my

法律顧問／王子文律師 元禾法律事務所
台北市羅斯福路三段三十七號十五樓

二〇二二年八月一版一刷

■中文版■

郵購注意事項：
1.填妥劃撥單資料：帳號：50003021戶名：英屬蓋曼群島商家庭傳媒(股)公司城邦分公司。2.通信欄內註明訂購書名與冊數。3.劃撥金額低於500元，請加附掛號郵資50元。如劃撥日起 10～14日，仍未收到書時，請洽劃撥組。劃撥專線TEL：(03)312-4212 ・ FAX：(03)322-4621。E-mail：marketing@spp.com.tw